Momentos de Dios

Encuentros Asombrosos con la Divinidad en la Vida Diaria

D1710758

PASTOR GALE KRAGT

Momentos de Dios
Encuentros Asombrosos con la Divinidad en la Vida Cotidiana

Diseño de portada: Julia Leos, Inspiration Studio Designs (inspirationstudiodesigns.com)
Edición y diseño interior: Kathy Mayo (data-junction.com)

ISBN: Paperback Print: 9798850110604

Primera edición en inglés: agosto, 2023
Publicado originalmente en inglés bajo el título: God Moments.
Traducción al castellano: Robert B. Grego Acuña, M.Ed.

Publicado por: Pastor Gale Kragt
Visite el sitio web del autor: www.galekragtbooks.com

CONTENIDO

Endosos

Momentos de Dios es un compendio de milagros que Dios ha realizado a través de una persona que está dispuesta y disponible como sierva. Los relatos inspirarán al lector a ser un conducto mediante el cual Dios afectará a las personas para Su Gloria. Estos relatos de la vida real te calentarán el corazón y te encenderán el fuego para ser usado por Dios con eficacia. Las historias son de fácil lectura y captan la atención de cualquiera, permitiendo visualizar cuán sencilla y a la vez profunda puede ser una simple conversación sobre Jesús, y Su habilidad para acompañar cualquier situación y atraer a la gente hacia Sí mismo. Las historias son cortas y fáciles de leer en pocos minutos, pero se alojarán en tu mente por muchos días. Yo recomiendo este libro para lectores de todas las edades.

~ Roderick Ward
  Un voluntario para Jesús

Momentos de Dios nos lleva a la primera fila de nuestra fe. El libro nos invita a "venir tal como somos", a estar abiertos al Espíritu, a ser todo lo que Él nos ha llamado a ser y hacer… "a que seamos Sus manos y pies". Como cristianos, nosotros lo hemos complicado en nuestras mentes, cuando Dios nos ha mostrado, a través de los "Momentos de Dios", que puede ser mucho más sencillo. Estas historias que compartió el pastor Gale te cambiarán la vida… y estimularán el crecimiento de tu fe… un momento a la vez. Gracias, pastor Gale, por ser obediente al escribir este libro.

~ Dr. R. Troy Carlson

Mi esposa y yo estamos sedientos de recibir más de Dios… y este libro nos ha animado de principio a fin. Gale enfatiza que debemos escuchar y ser obedientes a la voz suave y apacible de Dios. Los milagros de la vida real nos esperan a todos los que elegimos escuchar. Este libro te dará la determinación y la fe para empezar a caminar en el Espíritu e involucrarte en los momentos que Dios ha preparado de antemano para ti.

~ Jim y Debby Nyhof

En *Momentos de Dios* el pastor Gale Kragt comparte, con gran pasión, experiencias sobrenaturales que marcaron su vida y transformaron las vidas de las personas que le rodearon. Al leer cada Momento de Dios, mi alma fue grandemente bendecida y empoderada. Estoy hambriento de tener más y más Momentos de Dios en mi vida. Aprendí que cada situación prepara la escena para que experimentemos un mayor mover en nuestras vidas. Estoy seguro de que este libro será de gran bendición para ti, así que prepárate para experimentar Momentos de Dios continuos en tu vida.

~ Apóstol Wilford John Dilbert Coleman
    Presidente de Ministerios Casa de Dios
    Honduras, América Central

Reconocimientos

Un enorme agradecimiento a todos aquellos que ayudaron a hacer de este libro una realidad. Cuando suceden buenas cosas, es porque hay un buen equipo.

A las siguientes personas, que ayudaron con el lanzamiento del libro:

1. Set Free Ministries in Grand Rapids, MI (setfreemin.org)

2. Jason & María Wolford con Mission Cry (missioncry.com)

3. Mi amigo, Mark Rushford

4. Ebels General Store (ebelsgeneralstore.com)

5. Scott Eikenberry, Relivit Media Productions, LLC (relivitmedia.com)

A los que se tomaron el tiempo para leer el manuscrito y escribieron endosos personales:

1. Apóstol Wilford Dilbert, Honduras

2. Dr. R. Troy Carlson

3. Rod & Pat Ward

4. Jim & Deb Nyhof

A Peggy Hopkins, por escribir el prefacio, y a Vera Yenger, Barb Ludy, Sharon Joy Gordon, Elaine Gilbert, y Carol Ann Martínez, por su ayuda con la lectura de prueba, la edición y preparación del manuscrito para su posterior publicación.

Sobre todo, agradezco a Jesucristo, quien utiliza a personas ordinarias para hacer cosas extraordinarias.

¡A Dios sea toda la gloria!

DEDICATORIA

Por encima de todo, dedico este libro a mi Señor y Salvador, Jesucristo. Por lo general, prefiero no hablar en primera persona, pero es la única forma de contar una historia sobre algo que me ocurrió a mí. Al leer cada historia, por favor toma tiempo para darle la gloria a Dios por todo lo que Él ha hecho.

También quiero dedicar este libro a mi esposa, Dawn Kragt y a mis hijos, T.J. y April. Ellos han permanecido a mi lado fielmente en el ministerio por más de treinta años. Nada de esto sería posible sin el apoyo de mi asombrosa familia.

Por último, dedico este libro a ti, mi lector. Escribí este libro por dos razones. La primera es que si estás leyendo esto y aún no has entregado tu corazón a Jesucristo, cuando llegues al final, mi petición es que estés listo para hacer la oración de salvación (en el capítulo ocho) y que aceptes a Jesús dentro de tu corazón como tu Señor y Salvador.

"Pero si hago su trabajo, entonces crean en las obras milagrosas que he hecho, aunque no me crean a mí. Entonces sabrán y entenderán que el Padre está en mí y yo estoy en el Padre."
— Juan 10:38

A Dios sea toda la gloria. Grandes cosas Él ha hecho.

La segunda razón es para fortalecer y animar a los creyentes en su fe y ayudarles a entender que Dios quiere usarlos de estas maneras a ellos también. Jesús todavía hace milagros hoy; nosotros somos Sus manos y pies, y Él desea usarnos a dondequiera que vayamos.

Que seas bendecido mientras lees, y que tu corazón sea tocado por la presencia del Señor

Atentamente,
Pastor Gale Kragt

❧ Prefacio - Momentos de Dios

"Cuando Jesús me miró, me di cuenta de que Él no vio mi pecado; Él vio a Su hijo."   ~ Pastor Gale Kragt

Siempre que escucho a alguien dar un testimonio personal acerca de un encuentro con Dios, yo paro la oreja y mi radar espiritual cambia a modo de alerta. Cuando el pastor Gale Kragt, Director Ejecutivo de Spiritual Care Consultants (Consultores de Cuidado Espiritual), compartió cómo Dios le había dicho que escribiera un libro sobre momentos de Dios en su propia vida y en la de otros que había conocido, yo estaba "toda oídos".

Como socia de oración en Spiritual Care Consultants, yo experimento cómo el Espíritu Santo revela las estrategias que transforman vidas y la claridad para la gente que se nos acerca pidiendo ayuda. Yo creo que Dios desea invadir nuestras vidas y pasar tiempo con nosotros, al igual que en el Jardín del Edén donde, en la frescura de la tarde Dios llamó a Adán y Eva diciendo: "¿Dónde estás?" (Génesis 3:9). A menudo nosotros, al igual que Adán y Eva, nos escondemos. Simplemente, no anticipamos que Dios aparezca en nuestras vidas. Y sin embargo, las asombrosas historias reveladas en este libro demuestran que Él lo hace. ¡Somos el pueblo de Dios! Somos los responsables de contar Su historia, las Buenas Nuevas. Nosotros somos Sus predicadores, Sus medios informativos y Sus evangelistas.

La gente del mundo hoy necesita desesperadamente oír testimonios de un Dios que está vivo y que los ama. Mi interés en los testimonios aumentaba conforme, capítulo tras capítulo, el pastor Gale escuchaba a Dios y obedecía. Cada vez, Dios aparecía y la gente era sanada, animada y bendecida. *Momentos de Dios* es el título perfecto para las historias que el pastor Gale comparte en este libro. Su estilo casual y sencillo hace que el lector se sienta como si estuviera sentado frente a él en una cafetería, escuchándolo relatar los eventos de su día. Aunque su entrega es sencilla, las historias son poderosos encuentros con personas, ángeles, demonios y Jesucristo, nuestro Señor. ¡A Dios sea la gloria!

~ Peggy A. Hopkins, hija de Dios
  Socia de Oración - Spiritual Care Consultants

El Clamor De Mi Corazón

Pero yo siempre tendré esperanza,
y más y más te alabaré.

Todo el día proclamará mi boca
tu justicia y tu salvación, aunque es
algo que no alcanzo a descifrar.

Soberano Señor, relataré tus obras
poderosas, y haré memoria de tu
justicia, de tu justicia solamente.

Tú, oh Dios, me enseñaste desde mi juventud,
y aún hoy anuncio todos tus prodigios.

Aun cuando sea yo anciano y peine canas,
no me abandones, oh Dios, hasta que
anuncie tu poder a la generación
venidera, y dé a conocer tus proezas
a los que aún no han nacido.

Salmo 71: 14–18 (NVI)

INTRODUCCIÓN

Era el 24 de septiembre de 2022 (mi cumpleaños) y yo estaba en una cafetería en Battle Creek, Michigan, obscrvando a la gente que entraba, hacía sus pedidos y se iba. Era un típico sábado y nadie estaba esperando que les ocurriera nada especial a ellos ese día. Pero poco sabían ellos que muchos iban a experimentar momentos de Dios que impactarían sus vidas en gran manera, más de lo que pudieran imaginar.

Esos pequeños momentos de Dios que suceden en nuestra vida a menudo causan los cambios más significativos. Y muchas veces no los vemos hasta después de que pasa el tiempo. El mundo que nos rodea se mueve con rapidez; todos tienen lugares a dónde ir, personas que ver y familias bajo su cuidado. Pero Dios desea hablar una palabra a nuestra vida, y a menudo Él usa a personas ordinarias para hablarnos cuando sencillamente nos las topamos en el transcurso de nuestro diario vivir.

Yo le pregunté al Señor sobre el título de este libro, y lo que me vino a la mente fue *Momentos de Dios*. Así que, ¿qué es un momento de Dios? ¿Alguna vez has tenido un mal día y luego, inesperadamente, un amigo te llama para decirte que Dios le puso en el corazón estar orando por ti? ¿No te hizo sentir bien? Ese fue un momento de Dios. ¿Alguna vez ha orado alguien por ti que no sabía nada de tu situación y, sin embargo, la persona oró precisamente acerca de esa situación? Otra vez, fue un momento de Dios. ¿O durante un día normal, un extraño te dijo unas palabras alentadoras que necesitabas escuchar? Esos son los momentos en la vida que significan tanto y cambian el rumbo de nuestras vidas para siempre.

Un día de estos, mientras transcurría mi rutina diaria, Dios tenía planeado un encuentro para mí y yo ni lo sabía.

"El Señor dirige los pasos de los justos; se deleita en cada detalle de su vida."   — Salmo 37:23

En mi vida Dios ha dirigido mis pasos muchas veces, o más bien, Él planeó adonde yo iría sin saberlo yo siquiera. Y me hallé dentro de un momento de Dios con un extraño, lo cual tuvo un impacto significativo en mi vida y en la del extraño.

De vuelta a mi historia. El 24 de septiembre era un sábado y yo había planeado salir a hacer un mandado. Pero de repente mis planes cambiaron. Mi esposa me pidió que revisara el ablandador de agua para ver si necesitaba más sal, y resultó que sí. Esa no es mi tarea doméstica favorita. Como podrás imaginar, los ablandadores de agua nunca están instalados en una ubicación conveniente. En mi casa hay que atravesar el garaje y bajar las gradas al sótano, donde el ablandador está ubicado en el extremo más lejano. Las bolsas de sal son pesadas y mis brazos no tienen la fuerza que deberían.

Salí de la casa con rumbo al almacén Lowe's, sin esperar que me sucediera nada fuera de lo común esa tarde. Llegué al almacén, tomé un cochecito y lo cargué con cuatro sacos de sal de dieciocho kilos cada uno. Luego de comprarlos, abrí el baúl de mi carro y me disponía a depositarlos allí cuando oí a una joven decirme: "¿Puedo ayudarle?" Me sorprendió mucho porque en todos los años de estar comprando sal, nadie jamás había ofrecido ayudarme. Me volteé y vi a una joven mujer que llamaré Janet parada junto a mi auto. Tendría unos veinte años y una estatura de 1,80 mts., con una larga cabellera negra. Estuve tentado a decir: "No, yo lo puedo hacer", pero me di cuenta que podría ser un momento de Dios, así que respondí: "Sí, gracias." Ella agarró los sacos como si no fueran pesados y empezó a cargarlos en mi auto. Mientras colocaba el último saco le pregunté: "¿Necesitas oración? Yo soy pastor." Ella hizo una pausa como si el tiempo se hubiera detenido. Luego me miró y dijo: "Estoy teniendo un mal día. Fui al doctor ayer y me dio un mal diagnóstico." No quiso compartir de qué se trataba.

A mi parecer, ella se veía como si no tuviera problema alguno. Esa es la apariencia típica de muchas personas que nos topamos todos los días. Me respondió: "Sí, puedes orar conmigo." Así que extendí mis manos, ella las tomó y yo empecé a orar allí mismo en el estacionamiento del almacén Lowe's, al lado de mi auto con la compuerta del baúl abierta. Yo percibí que el Espíritu Santo estaba dirigiendo mi oración. Cuando dije "amén", ella alzó su cabeza y pude ver las lágrimas corriendo debajo de sus largos cabellos negros, agitados por el viento, que le rozaban el rostro.

Ella me agradeció por orar por ella y me abrazó. Me dijo que asistía a una buena iglesia y yo la animé a contactar a su pastor para recibir más oración y consejo. Le entregué mi tarjeta de presentación de Consultores de Cuidado Espiritual en caso de que decidiera llamar para una sesión de sanidad con uno de nuestros equipos.

Al alejarme en mi auto, ella se despidió agitando la mano y con una gran sonrisa. Entonces pensé: "¿Y qué tal si yo le hubiera dicho que no ocupaba ayuda? ¿O si no le hubiera preguntado si necesitaba oración?" Yo me habría perdido un momento de Dios. Su vida fue impactada, como lo fue la mía. Esta experiencia nos cambió a ambos. Como resultado de este tipo de momentos de Dios, yo me he habituado a preguntarle a la gente si necesitan oración. Esa pregunta me ha abierto a muchas experiencias con Dios conforme he orado por la gente mientras transcurría mi vida cotidiana.

Todo esto es para decirte que Dios quiere usarte. Cuando hablamos de los grandes milagros, mucha gente siente que Dios nunca los usaría a ellos para algo así. Yo he tenido muchos momentos de Dios, los cuales comparto contigo en este libro. Creo que te alentarán en tu fe y te ayudarán a dar un paso de fe cada día. Yo creo que el Señor quería que yo compartiera estas historias contigo.

> *"Les anunciamos lo que hemos visto y oído, para que también ustedes tengan comunión con nosotros. Y nuestra comunión es con el Padre y con su Hijo Jesucristo."* — *1 Juan 1:3*

Mi oración es que, a través de este libro, Dios reciba toda la gloria por todo lo que Él ha hecho por mí, y que seas inspirado a caminar más cerca de Él y a reconocer los momentos de Dios en tu vida cotidiana.

¿Te ves a ti mismo como Dios te ve?

¿Sabes que tú no eres un error?

El plan y destino de Dios para ti fue que nacieras "en un tiempo como este".

~ Pastor Gale Kragt

CAPÍTULO 1

¿Lo Vemos?

Antes que podamos tener más momentos de Dios, necesitamos reconocerlos primero. ¿Realmente lo vemos? ¿O no nos damos cuenta cuando Dios se mueve a nuestro alrededor? Fácilmente podemos perdernos un momento especial que Dios haya planeado porque somos insensibles cuando la suave y apacible voz de Dios nos habla.

¿Nos vemos a nosotros mismos como Dios nos ve? ¿Podemos ver lo que Dios ha puesto dentro de nosotros? ¿O con qué propósito sería que Él nos creó? Mucha gente deambula por la vida sin saber su propósito ni entender el impacto que Dios ha deseado que tengan en este mundo. Ese es parte del plan del enemigo, que andemos por la vida ciegos al plan y propósito de Dios para nuestras vidas, y que nos perdamos todos los momentos de Dios que Él tiene para nosotros.

Ya que soy pastor, quizá estés pensando que se supone que los pastores tengan momentos de Dios. Pero quiero que sepas que soy solo una persona ordinaria, sin diferencias con ninguno de ustedes, y Dios desea usar a gente ordinaria para hacer cosas extraordinarias. Pero tal vez no te das cuenta de cuánto has impactado a otros en muchos de tus momentos de Dios.

Yo crecí en un pueblo rural muy pequeño llamado Diamond Springs. Si pestañeas al pasar, no lo lograste ver. Cuando comenzaba a asistir a una pequeña iglesia en el campo, yo no lograba ver todo lo que Dios quería hacer a través mío porque me sentía insignificante. Yo era muy inseguro y tímido. Yo sé que eso es difícil de creer ahora, pero en aquel entonces, yo fui rechazado por muchas personas que me menospreciaban. Tuve matones que me intimidaban a lo largo de toda la secundaria y me hizo tener una autoestima muy baja. Muchos pensaron que yo nunca lograría nada importante porque simplemente era demasiado ordinario. Hay mucha gente con más talento que yo y si yo fuera Dios, hubiera llamado y elegido a una persona diferente para hacer lo que Él me ha llamado a hacer.

Así que, ¿te ves como Dios te ve? ¿Sabes que no eres una equivocación? Dios eligió tu destino y planeó que nacieras "para un tiempo como este".

"Tus ojos vieron mi embrión, y en tu libro se escribieron todos los días que me fueron dados, cuando no existía ni uno solo de ellos."
— *Salmo 139:16*

Dios tenía un plan para la vida de cada uno de nosotros desde el principio. Aún antes de nacer, Él ya había escrito en su libro todo lo que podríamos ser y hacer por Él. Lo único que tenemos que pedirle a Jesús es: "Por favor muéstrame lo que Tú has escrito en tu libro sobre mí y ayúdame a creerlo todo." En Jeremías 1:4, Dios le dijo al profeta Jeremías: *"Antes que yo te formara en el seno materno, te conocí, y antes que nacieras, te consagré, te puse por profeta a las naciones."* Ese es un pensamiento poderoso. Las circunstancias de tu nacimiento no importan. Dios te conocía antes que nacieras, y Él puso un llamado singular sobre tu vida para hacer algo especial para Él. No tienes que ser un pastor; simplemente pregúntale a Dios y luego haz aquello para lo cual Él te diseñó. Muchas personas están haciendo lo que quieren, ¿pero están haciendo aquello para lo cual Dios los creó? Ya es tiempo de que descubras tu diseño original.

"Pero tenemos este tesoro en vasos de barro, para que la excelencia del poder sea de Dios y no de nosotros." — *2 Corintios 4:7*

Para mí, esa palabra 'tesoro' habla de los singulares planes de Dios para nuestras vidas. Él ha puesto algo en nosotros que necesitamos descubrir. Necesitamos orar para que Dios nos revele lo que Él ha creado para nosotros y cuál es su plan para nuestras vidas. También debemos pedir que nuestros ojos sean abiertos para que podamos ver realmente todo lo que Dios tiene para nosotros. Hallarás plenitud al hacer aquello para lo cual Dios te creó y te diseñó.

A menudo, cuando Dios nos muestra todo lo que Él quiere hacer en y por medio de nuestras vidas, nos cuesta creerlo. No logramos ver cómo podría ser cierto; es porque nos hemos tragado todas las mentiras del enemigo o las mentiras que otras personas han pronunciado sobre nuestras vidas. Una mentira solo tiene poder si la creemos, y una mentira puede detener lo que Dios quiere hacer en nuestras vidas. Ya es tiempo de que nos despojemos de las mentiras del enemigo y nos apropiemos de todo lo que Dios tiene para nosotros.

Si no vemos lo que Dios ve en nosotros y todo aquello para lo cual nos capacitó, podemos perdernos de los momentos asombrosos de Dios porque andaremos con pasos de ciego. Por ejemplo, el otro día estaba yo en Walmart esperando en fila para pagar por mis víveres y tres mujeres ancianas estaban adelante mío. Mientras esperaba el Señor me dijo: "Pregúntale a la mujer de la izquierda si necesita oración para sanidad." Así que di un paso de fe y le pregunté. Ella me compartió que su hombro le dolía y no podía levantar nada con su brazo derecho. Le pregunté si me dejaría orar por su sanidad y ella accedió. Entonces, allí mismo, en la fila de la caja de Walmart yo oré por ella y los cuatro dijimos: "amén".

Llegó el turno de ella de colocar sus víveres sobre la banda y, sin pensarlo siquiera, usó su brazo derecho y alzó una bolsa pesada. Luego dijo: "¡Santos cielos!" Mi brazo está mejor. ¡Guau! Al ver el milagro, todos los de esa fila pidieron oración.

Ese fue un momento de Dios especial que Él había planeado para mí.

"Porque somos hechura de Dios, creados en Cristo Jesús para hacer las buenas obras que Dios preparó de antemano para que anduviésemos en ellas." — *Efesios 2:10*

Dios nos creó para hacer buenas obras, y Él planeó todas esas obras antes que naciéramos. Ese hecho me asombra. Dios lo diseñó y planeó todo de antemano. Pido a Dios que nuestros ojos sean abiertos para ver su plan.

"que él alumbre los ojos de vuestro entendimiento, para que sepáis cuál es la esperanza a que él os ha llamado, cuáles las riquezas de la gloria de su herencia en los santos." — *Efesios 1:18*

Este es un buen pasaje de la Escritura que podamos usar como oración, pidiendo que seamos capaces de ver la esperanza de Su llamado en nuestras vidas y comprender nuestra herencia en Él, para que podamos ser todo lo que Él desea que seamos.

Los dejo con las palabras del profeta Kim Clement: *"Te veo en el futuro y te ves mucho mejor de como eres hoy"*, y *"si lo puedes ver, lo puedes ser."* Entonces, Señor, ayúdanos a todos a ver lo que tú ves.

CAPÍTULO 2

DIOS, ÁNGELES Y DEMONIOS

Voy a pintarles un cuadro de mi vida, cuando crecía en el pequeño pueblo de Diamond Springs. La única forma de saber que ya estabas en el pueblo era por el rótulo de reducción de la velocidad, seguido por una iglesita de campo al lado derecho de la carretera, donde yo asistí durante mi juventud. El pueblo mayormente consistía de mi familia y mis parientes. Mi abuela tuvo trece hijos y, ya de adultos, todos decidieron establecerse y vivir en la misma área. La gente que crecía en esa región trabajaba en la misma vecindad hasta morir. La iglesita de campo fue construida en los 1800s y la membresía consistía principalmente de mis parientes.

Siendo joven, yo tenía sed de Dios y de conocerlo. Pero parecía que no calzaba en mi iglesita de campo. El Señor me había llamado desde una edad temprana, pero honestamente yo no sabía lo que significaba. Pensé que era una idea formidable poder trabajar para Dios algún día, pero no tenía un concepto claro de lo que eso quería decir. Recuerdo un día, durante la escuela primaria, que alguien nos dio a cada uno un pequeño Nuevo Testamento de los Gedeones. Yo llevaba ese Nuevo Testamento al maizal y allí hablaba con Jesús. Recuerdo haber entregado mi vida a Cristo alrededor de los siete años de edad. Jesús era muy real para mí cuando era un niño pequeño, pero poco sabía yo que eventualmente mi vida cambiaría drásticamente.

Durante mis años de crecimiento en casa, mis padres rara vez hablaban de lo sobrenatural. Mi papá era un hombre trabajador. Él cuidaba de nuestra finca de 17 hectáreas, mientras trabajaba también a tiempo completo conduciendo un camión de cemento. Más adelante, también manejó un camión de alimento concentrado a granel. Laboraba largas horas en su trabajo y luego llegaba a casa y atendía la finca de noche. Teníamos nuestro devocional familiar alrededor de la mesa después de cenar, y orábamos juntos como familia. Papá iba a la iglesia con nosotros los domingos en la mañana. Mamá y Abuelita nos llevaban a la iglesia cada domingo, miércoles y cuando había algún servicio especial. La vida giraba en torno al trabajo, la iglesia y la familia.

Tengo gratos recuerdos del campanario tan alto en nuestra iglesia. Había una cruz blanca en la parte superior del campanario, aumentando la altura total en unos diez metros. De noche, al mirar por la ventana de mi dormitorio hacia las nubes, lograba ver la cruz blanca. Parecía que flotaba en medio de las nubes. Una hora antes de iniciar el servicio, nuestro pastor salía para tocar la campana y avisarle así a todos que era hora de ir a la iglesia.

Cada año nos hospedábamos por una semana en un campamento familiar en Hastings, Michigan, donde muchos predicadores hablaban del Señor y sobre el campo misionero. Durante ese tiempo, siendo muy joven, sentí que el Señor me empezó a llamar a servirle. Yo respondí a varios llamados al altar cuando los predicadores terminaban su mensaje diciendo: "Si, Señor, yo iré." Nuestra iglesia participaba de un programa llamado Vacaciones Con Propósito. Viajábamos a la escuela indígena Brainerd Indian School (en Dakota del Sur) una vez al año para trabajar ayudando a construir edificios en los que se hospedarían los pequeños niños indígenas. Yo participé en varios de esos viajes, lo cual me dejó con un gran deseo de realizar viajes misioneros. Me encantaba la comunidad de los indígenas Lakota.

A menudo yo me preguntaba: "Dios, ¿por qué me llamaste a mí? ¿Por qué querrías mi vida?" Después de todo, yo era joven e inseguro y tenía muchas debilidades y, sin embargo, Dios me llamó de todos modos. Y lo que asombra aún más es que Dios conoce el fin desde el principio cuando nos llama. Él también sabe todos los errores que cometeremos en el camino. Y, sin embargo, aún así nos llama.

> *"Más bien, Dios ha elegido lo necio del mundo para avergonzar a los sabios, y lo débil del mundo Dios ha elegido para avergonzar a lo fuerte. Dios ha elegido lo vil del mundo y lo menospreciado; lo que no es, para deshacer lo que es, a fin de que ninguna carne se jacte delante de Dios."* — *1 Corintios 1:27-29*

A como yo lo veía, esta era una perfecta descripción mía. Yo era lo débil del mundo y lo necio, de lo que hablaban las Escrituras. Pero Dios me llamó para que Él pudiera recibir toda la gloria en mi vida y a través de ella conforme yo le servía. Estoy mirando hacia atrás a lo largo de los últimos treinta años. Dios es bueno.

Poco sabía yo que una noche, a los doce años de edad, mi vida cambiaría dramáticamente. Un evento estaba a punto de provocar muchos otros eventos que me afectarían por el resto de mi vida.

Como adolescente, yo deseaba ver el poder de Dios manifestarse. Como sabrás, ser un adolescente puede ser una etapa escabrosa, especialmente si la gente te rechaza y no te aceptan como Dios te hizo. Y eso fue lo que hallé que me estaba sucediendo la mayoría de las veces. Dios me hizo de cierta forma y a muchos no les gustaba. Pero a algunos sí y vieron el potencial que Dios había depositado en mí. Dos de esas personas eran mi abuelita, de quien hablaré luego, y mi vecino de al lado.

Un problema que tenía en mi vida era que yo me comparaba con otras personas. Eso nunca es bueno hacerlo, ni es sano querer ser alguien que no eres. Dios nos creó de la forma que somos y Él quiere que aceptemos que Él puso algo excepcional en cada uno de nosotros.

Siendo un joven adolescente, yo a veces era bocón. Recuerdo que un día le dije a Dios en voz alta y con frivolidad: "Si eres tan poderoso, ¿por qué no me lo demuestras?" Bueno, lo único que puedo decir es que Dios aceptó mi frívolo reclamo, y yo no podía imaginar que estaba a punto de experimentar un evento muy aterrador.

Al acostarme a dormir una noche típica de viernes, no me di cuenta de que ese sería el principio de cuando Dios iba a estremecer mi mundo en los tres años siguientes a través de lo sobrenatural. Nunca compartí con mis padres lo que me estaba pasando porque pensé que no lo entenderían. Así que ellos nunca escucharon las historias que estoy a punto de compartir contigo. Mamá y Papá ya están en el cielo con Jesús; ambos fallecieron en el 2013, con seis meses de diferencia.

Yo compartía un dormitorio en el segundo piso con mi hermano, Curtis, y nuestras camas estaban bastante cercanas entre sí. Una noche yo me había quedado dormido cuando de repente oí lo que sonó como alguien caminando dentro de nuestro cuarto. Oí un sonido de arrastre, como si alguien caminara con un vestido largo. Pensé: "¿Quién estará en nuestro cuarto a media madrugada?" Abrí mis ojos y vi la visión más aterradora de mi vida. Siete ángeles de 2 metros de alto habían entrado físicamente en nuestro cuarto. Vestían unas largas túnicas doradas que parecían tener incrustaciones de diamantes, pues brillaban con tal intensidad. La atmósfera dentro de mi cuarto se puso muy pesada, y yo no podía moverme, ni siquiera mi dedo meñique.

Ciertamente Dios me estaba mostrando su poder. Yo sentía como si la atmósfera me fuera a aplastar. De repente mi espíritu salió de mi cuerpo y yo salí disparado a través del techo de mi cuarto. Yo volaba por los aires muy velozmente. No pasé a través de un túnel, pero estaba volando a través del espacio y no sabía cómo. Yo iba rumbo a una ciudad brillando como una joya en el horizonte, con la luz emanando de adentro hacia afuera. En un instante estaba yo en un lugar donde no había ni sol, ni luna, ni estrellas. Lo único que yo lograba ver era aquella hermosa ciudad. Después de leer mi Biblia varias veces, ahora sé que se era la ciudad celestial. ¡Oh, qué bellos colores, conforme la luz refractaba de las joyas en las paredes de la ciudad.

Al llegar a uno de los portones, éste se abrió y Jesús salió caminando. Al acercarme a Él, lo único que sentía era cuán santo era Él y cuán impuro era yo. Recuerdo que me sentí como Pedro. Le dije: "Jesús, no te acerques más porque soy hombre pecador." Él se detuvo y yo me detuve. Nos miramos, pero no intercambiamos ni una sola palabra.

Él solo me miró y sonrió. Él podía comunicarse sin hablar. Él no lucía como las pinturas que yo había visto en la iglesia. El cuadro que he visto, que más se parece al Jesús que yo vi, se titula Jesús Riendo.

Yo tuve la increíble experiencia de que cuando me miró, Él podía verlo todo. Sus ojos eran como rayos que me atravesaban de lado a lado. Luego tuve otra experiencia con Él; cuando me miró me di cuenta que no vio mi pecado, sino que vio a su hijo. Entonces, empecé a entender cuando la Escritura dice que somos "cubiertos con su manto de justicia".

Algún día lo veremos, y todo lo que hayamos puesto bajo la sangre de Cristo nunca será recordado jamás. ¡Alabado sea el Señor! Mientras nos mirábamos el uno al otro, yo dije: "Señor, tengo dos peticiones." Él aún no hablaba; solo me miraba. Dije: "Yo no debo estar aquí. Aún no he completado mi misión en la tierra." ¿Pero cómo rayos iba yo a saber, a los 12 años, cuál era mi misión? Pero yo parecía entender que tenía una misión que completar. Así que continué: "¿Me dejarías regresar, por favor? Y si me dejas volver, ¿podrías sacar a esos ángeles de mi cuarto, por favor? Me están aterrorizando." Él sonrió y luego, en un instante fui colocado de nuevo en mi cuarto. Eran las 3:30 a.m.

Yo me arrodillé al lado de mi cama y me arrepentí de todo pecado que mi viniera a la mente. Me sorprendió que mi hermano no se había despertado. Estuvo dormido durante todo el evento. No sé cuánto tiempo estuve fuera de mi cuerpo, pero cuando regresé los ángeles se habían ido. Ellos no me habían hablado; solo estuvieron allí de pie en silencio de espaldas a mí. Yo creo que me estaban custodiando y protegiendo. Entonces dije: "Señor, si acaso me vuelves a enviar otro ángel, por favor no lo dejes brillar con toda la gloria del cielo. Me deja muy asustado y abrumado." Cuando la gente me dice: "Yo vi un ángel, pero no tenía nada que me asustara", yo me pregunto si realmente vieron un ángel, porque realmente eran abrumadores cuando yo los vi. Después de todo, ellos llevan consigo de toda la gloria del cielo.

Yo quería contarle a mi mamá y papá sobre esta experiencia, pero sabía que no lo entenderían, así que solo medité sobre la experiencia en mi corazón. ¿Por qué Dios me permitió ver lo que me mostró?

¿Quién era yo? Él escuchó la solicitud frívola de un joven adolescente y la honró. Más adelante en la vida le pregunté: "Señor, ¿por qué me has dado tantas experiencias?" Y el Señor me respondió: "Es para que compartas estas experiencias con otras personas, para que ellas lleguen a conocer al Jesús que tú conoces y se preparen en esta vida para estar listos para recibirlo en la próxima vida."

Otro 'visitante' llegó a mi cuarto regularmente durante los siguientes tres años. No brillaba con la gloria del cielo, pero poseía gran autoridad. Él se apareció con aspecto de un hombre mayor, de 1,80 metros de altura, con cabello café y algo de calvicie en la parte trasera de su cabeza. Cada vez que llegaba me decía que había venido a mostrarme otro lugar. No estoy seguro si yo estaba despierto o soñando, pero cada vez que venía me llevaba al lugar que quería que yo viera. Él me llevó a la cima de una montaña con vista a un lago que estaba cubierto de fuego. El lugar estaba oscuro; no había ni sol, ni luna ni estrellas. Había fuego hasta donde me alcanzara la mirada. Yo nunca oí gritos ni vi gente. Nos sentamos en la ribera del lago y hablamos sobre ese lugar. Lo único que recuerdo es la advertencia que siempre me daba: "Si tú no cumples tu llamado y la misión que Dios te ha dado, más personas vendrán a este lugar."

El lugar que vi se llamaba infierno, pero creo que Dios me libró de mucho terror al mostrarme solo un pequeño vestigio del fuego en la oscuridad. Era esencial entender lo que Él me llamó a hacer. Y era vital en cuanto a la vida de otras personas. Luego pensé que eso era mucha presión sobre una persona joven. Pero las experiencias con ese caballero anciano que me visitó durante esos tres años me han quedado grabadas toda la vida. Y a menudo me pregunto por qué. ¿Por qué a mí? Esas son preguntas que no puedo responder. Pero te diré que el infierno es real y también lo es el fuego. Y la única forma de escapar de allí es teniendo una relación personal con Jesucristo. Me hubiera encantado contarle a mis papás sobre las experiencias, pero yo estaba seguro que no lo entenderían. ¿Quién me iba a creer? Así que, al igual que María, yo guardé esas cosas en mi corazón y me preguntaba: "Señor, ¿qué significa todo esto?"

Entonces, durante esos tres años, mi visitante final fue el maligno. Yo me acostaba en la noche y podía sentir una presencia maligna que venía hacia mi cuarto, y podía oír los pasos en el pasillo cuando no había nadie allí. Y entonces una presencia maligna y paralizante entraba en mi cuarto para atacarme, lo cual ocurrió repetidamente durante esos tres años. Me sentí impotente para defenderme. La presencia era tan intensa que yo no podía hablar ni moverme.

Cuando fui a trabajar en la reserva, Darrell New Plenty Stars me enseñó acerca de la preciosa sangre de Jesús y cómo lidiar con un demonio. Él me ayudó a hallarle sentido a mi situación y me enseñó acerca de mi autoridad en Cristo Jesús como creyente. Entonces yo empecé a usar el nombre de Jesús y el poder de su sangre para atar al enemigo en la noche y que las visitaciones cesaran. Yo oraba así: "En el nombre de Jesús y por el poder de su sangre yo ato a Satanás y sus fuerzas demoníacas, y les ordeno que me dejen en paz en el nombre de Jesús." Un día yo le pregunté al Señor: "¿Por qué me has permitido tener todas estas experiencias?" El me respondió: "Cuando alguien venga a hablar contigo y ha visto ángeles o ha tenido experiencias con demonios, tú no pensarías que la persona está loca, ¿o sí?" Le dije: "No, Señor, no lo haría."

A través del ministerio del cual actualmente soy el Director Ejecutivo, hemos tenido muchos casos de niños que han visto ángeles y han enfrentado demonios. Debido a mis experiencias del pasado, yo puedo ayudarles en sus situaciones actuales. Ellos no están locos. La mano de Dios está sobre sus vidas y el enemigo lo sabe. El enemigo desea destruirlos para que no puedan cumplir su misión en la vida.

Recuerdo un caso con una persona que había sido satanista. Ella me dijo que sabía acerca de mí cuando yo era un niño pequeño. Durante sus ceremonias ellos enviaban demonios a atormentarme. Y yo pensé: "¡Guau! ¡Cómo trabaja el enemigo para tratar de destruirnos!" Así que, si tú tienes experiencias sobrenaturales, no tengas temor de llamar a alguien que sí comprende. Los momentos sobrenaturales son una señal que la mano de Dios está sobre tu vida y que Dios tiene un plan que atemoriza al enemigo.

Un problema de la psicología de hoy, incluso de la consejería cristiana, es que muchos profesionales no quieren lidiar con el aspecto espiritual. En vez de encargarse del demonio, prefieren más bien recetar medicamentos para manejar la situación. No me mal entiendas; algunas condiciones requieren medicamentos. Pero otras requieren el nombre de Jesús y su poder para liberar a una persona de las garras de las tinieblas.

Un día recibí una llamada telefónica de alguien de afuera del estado, que me dijo: "Quisiera saber si tú puedes ayudar a mi hijo." Yo indagué: "¿Qué está enfrentando tu hijo?" Ella empezó a contarme una historia sobre cómo su hijo de 16 años había estado en asilos psiquiátricos desde los cinco años de edad. Estaba tomando cuatro medicamentos distintos y parecía que no estaba mejorando nada. Ella y su esposo no sabían a dónde más acudir a pedir ayuda. Este joven había pasado por muchos terapeutas y provenía de buena familia. Parecía que nadie podía ayudarle; estaban en un callejón sin salida respecto al siguiente paso. Ella me contó que el muchacho se había estado cortando los brazos y tendía a lastimarse, lo cual provocó que lo internaran en un centro psiquiátrico varias veces. Yo accedí a verlo, pero sabía que para ver un avance en la vida de este joven, él tendría que experimentar un momento de Dios donde se encontrara con la presencia de Jesús. Según mi estimación, Jesús era el único que podía liberar su alma del tormento que estaba atravesando.

"Yo soy la vid, ustedes las ramas. El que permanece en mí y yo en él, este lleva mucho fruto. Pero separados de mí nada pueden hacer."
— Juan 15:5

Yo sabía que sin la ayuda del Señor, estábamos en problemas. Este joven necesitaba sentir y experimentar el amor de Dios mediante la presencia de Jesús para ser liberado de su dolor.

Sus padres nos lo trajeron para recibir ministración de sanidad. Él no quería venir y se resistió mucho a la idea. Todos oramos para que él tuviera un momento de Dios que cambiara su manera de pensar para siempre. Sin entrar en mucho detalle, en una de nuestras sesiones, a los tres meses desde su primera visita, él tuvo un momento de Dios y Jesús lo liberó del tormento demoníaco que lo tuvo sufriendo por años. Ahora tiene más de 20 años, tiene esposa e hijos y le está yendo de maravilla. Pero fue ese momento de Dios, cuando se encontró con la presencia de Jesús de una forma increíble, que transformó su vida para siempre.

A menudo me he preguntado: "¿Por qué el cristianismo de los Estados Unidos lucha tanto con el poder de Dios?" En muchas iglesias de los Estados Unidos tenemos una religión intelectual que niega su poder. Muchas iglesias han negado que los dones del Espíritu Santo existen hoy, y niegan el poder del Dios viviente.

"Teniendo apariencia de piedad, pero habiendo negado su poder; a los tales evita." — *2 Timoteo 3:5*

La falta del poder y la presencia de Dios en la iglesia causa que nuestros jóvenes se vuelvan hacia la hechicería, la magia y otras falsas religiones porque no han visto, sentido o experimentado el verdadero poder y presencia del Dios viviente. Ya es tiempo de un cambio. Doy gracias a Dios por todas las iglesias de los Estados Unidos que operan bajo el poder de Dios, y agradezco a Dios por todos los pastores y creyentes que todavía creen que Dios salva, sana y liberta hoy.

Dios, los ángeles, los demonios, el poder y la presencia del Espíritu Santo son todos muy reales hoy. Los siguientes dos pasajes de la Escritura me animan porque se relacionan con Dios y su palabra:

"Porque yo, Jehová, no cambio; por esto, hijos de Jacob, no habéis sido consumidos." — *Malaquías 3:6*

"Jesucristo es el mismo ayer, hoy y por los siglos." — *Hebreos 13:8*

Yo doy gracias que Dios no ha cambiado, que su Palabra nunca cambiará y que Él es el mismo siempre. La forma en que la iglesia primitiva empezó con la presencia y el poder del Espíritu Santo es la misma forma en que la iglesia debería operar hoy. ¿Por qué iría Jesús a comenzar su iglesia de una forma y luego cambiarla si Él nunca cambia? Si tú estás teniendo un problema con demonios, o estás siendo atormentado, anímate; hay libertad y esperanza en el nombre de Jesús. Clama a Él, que allí estará para ayudarte.

Las oraciones de mi abuelita fueron contestadas en 1984 cuando me arrodillé frente al altar y redediqué mi vida a Cristo.

~ Pastor Gale Kragt

CAPÍTULO 3

LA TIERRA BRILLANTE

Yo he escuchado el dicho: "Más vale lo observado que lo enseñado." Mi abuelita, Eva Coffey, vivía con el ejemplo y tuvo un gran interés en mi vida. Ella era una mujer muy piadosa, con una relación cercana con el Señor. Su caminar con Jesús y las palabras que ella me decía nunca se han apartado de mí.

Mi abuelita nació en 1894 y su esposo, Alvin, era diecisiete años mayor que ella. Tuvieron trece hijos, la mayoría de los cuales se hicieron predicadores. Ella me enseñó, mediante su ejemplo, cómo experimentar momentos de Dios. Un grato recuerdo de mi infancia es su mecedora y su gran Biblia. Ella se sentaba en esa silla por horas, leyendo su Biblia y orando. Cuando su esposo murió en 1960 (el año en que yo nací), ella vino a vivir con nosotros. Así que nunca conocí la vida sin mi abuelita.

Ahora me doy cuenta de que a veces no apreciamos a la gente que tenemos cerca mientras están con vida. Y después, cuando ya han fallecido y se han ido al cielo a estar con Jesús, es que entendemos el impacto que tuvieron en nuestras vidas. De hecho, esa fue una realidad para mí.

En nuestro pequeño hogar en Diamond Springs, Michigan, mi papá mandó a construir otro cuarto al fondo de la casa, donde vivía mi abuelita. Yo pasaba mucho tiempo en el cuarto de mi abuelita mientras ella escuchaba los viejos discos de música de George Beverly Shea. Ella amaba los antiguos himnos de la fe y me los enseñó todos. Es más, todos los himnos que ella me enseñó son los que recuerdo de memoria hasta hoy. Y han llegado a ser una fuente de gran fortaleza y aliento para mí en tiempos difíciles.

La fe de mi abuelita es lo que la mantenía fuerte. Ella padecía de asma severo y tenía sus ataques que nos hacía llevarla de prisa al hospital. Es un milagro que ella no murió durante uno de esos ataques. Pero mi abuelita sabía que tenía una misión y que su vida importaba por su relación con nuestra familia y mi vida. A pesar del asma severo, ella salía bajo el candente sol a arar el jardín. Un día mi mamá me dijo: "Dile a abuelita que salga de ese sol tan candente." Yo respondí: "Si el candente sol no la ha matado hasta ahora, nunca lo hará." Ella era una luchadora tenaz y decidida.

Quizá preguntes: "¿Qué tiene que ver todo esto con tener momentos de Dios?" Bueno, como yo estuve muchos años viviendo con mi abuelita, cuando ella tenía esos momentos de Dios, yo también los experimentaba con ella. Una vez, teniendo ella poco más de setenta años, se puso muy enferma y se internó en el Hospital Zeeland. En aquellos días, si eras joven y querías visitar a alguien en el hospital, no te permitían entrar a Cuidados Intensivos. La habitación de abuelita tenía ventana, así que yo salí para verla desde afuera y ella me sonrió. No imaginábamos que ella estaba a punto de tener un momento de Dios que afectaría a todos.

Se puso tan mal ese día que el médico dijo que ella no viviría más que esa noche. Sin embargo, a la mañana siguiente abuelita llamó al doctor a su habitación y comenzó a decirle que pronto saldría del hospital. El médico le preguntó: "¿Cómo lo sabes?" "Pues, yo hablé con Jesús anoche y Él me dio 15 años más de vida", respondió ella. El doctor estaba asombrado de sus palabras, pero menos de dos semanas después, mi abuelita estaba fuera del hospital y de vuelta en casa.

Eso me hizo recordar al Rey Ezequías, a quien el profeta Isaías le envió un mensaje. Le dijo que pusiera en orden sus cosas, pues estaba a punto de morir.

"En aquellos días Ezequías enfermó de muerte. Y el profeta Isaías hijo de Amoz, vino a él y le dijo: «Esto dice Jehová: "Ordena los asuntos de tu casa, porque vas a morir. Ya no vivirás."» Entonces volvió Ezequías su rostro a la pared e hizo oración a Jehová, y dijo: «Jehová, te ruego que recuerdes ahora que he andado delante de ti en verdad y con íntegro corazón, y que he hecho lo que ha sido agradable delante de tus ojos.» Y lloró Ezequías con gran llanto. Entonces vino palabra de Jehová a Isaías, diciendo: «Ve y dile a Ezequías: "Jehová, Dios de tu padre David, dice así: 'He oído tu oración y he visto tus lágrimas; he aquí que yo añado a tus días quince años. Te libraré, a ti y a esta ciudad, de manos del rey de Asiria; y a esta ciudad ampararé. Esto te será por señal de parte de Jehová, que Jehová hará esto que ha dicho: He aquí, yo haré regresar la sombra diez grados más de los grados que ya ha descendido en el reloj de Acaz.'"» Y volvió el sol diez grados atrás, sobre los cuales ya había descendido."   — Isaías 38:1-8

Al Rey Ezequías le habían dado un pronóstico médico crítico. Según el profeta Isaías, pronto moriría. Esta es una historia muy interesante; en vez de arrepentirse de sus pecados, él comenzó a recordarle a Dios, en medio de sus lágrimas y sollozos, todas las cosas que había hecho por Él. Y mientras lo hacía, el Señor cambió de parecer y le dio un nuevo mensaje al rey; que Él le había extendido su vida por quince años más. Al igual que a mi abuelita, el médico le había dado un amargo pronóstico de muerte, pero ella habló con Jesús y Él le dio quince años más de vida. Y eso fue exactamente lo que pasó; mi abuelita vivió otros quince años, llegando casi a los noventa y un años.

He aquí unos cuantos momentos de Dios más, que yo compartí con mi abuelita.

Ya que ella oraba mucho y pasaba mucho tiempo con Jesús, Él compartía con ella cosas acerca de mi vida cuando yo andaba huyendo de Dios y viviendo una vida de pecado. Cuando yo andaba de noche en fiestas, haciendo ciertas cosas, Dios le decía a mi abuelita lo que yo estaba haciendo y dónde estaba. Luego, al regresar a casa, ella me confrontaba y me decía que había estado orando por mí toda la noche. En aquella época, esas palabras me incomodaban mucho y me hacían enojar.

Recuerdo que, aunque andaba huyendo de Dios, yo aún asistía a las reuniones en el Campamento Hastings para escuchar a los evangelistas predicar. Hoy, años después, ellos son algunos de mis predicadores favoritos.

Cuando se huye de Dios, nadie en su sano juicio asiste a reuniones para escuchar a los evangelistas, pero yo lo hice. Yo me sentaba hacia el frene del tabernáculo, el cual estaba repleto, con una asistencia como de mil personas. El mensaje de cada evangelista era muy contundente. Yo sentía los latidos de mi corazón acelerados, y podía sentir el llamado de Dios para que le entregara mi corazón de nuevo, pero estaba resistiéndome.

En el verano de 1982 yo sentí muy fuerte la presencia del Señor durante un llamado al altar. Pero no era el tiempo para que yo pasara adelante. No estaba listo para rendir mi vida, aunque se hacía el llamado y la gente pasaba adelante llorando. De repente mi abuelita se volteó y me miró fijamente; inmediatamente mi sentí incómodo. Verás, mi abuelita era muy osada y no le importaba lo que otros pensaran. Ella dejó su asiento y caminó por el pasillo hacia mí. Yo sabía que estaba en problemas porque la misión de mi abuelita era salvar mi alma. Como mi abuelita no oía bien, no se daba cuenta cuán fuertemente hablaba. Subió por el pasillo diciendo: "¿Acaso no quieres ser salvo?" Lo repitió varias veces. Luego me tomó del brazo y me arrastró hasta el altar. Ella estaba resuelta y decidida que yo tuviera un momento de Dios. Me hizo arrodillarme frente al altar e hizo que sus hijos, que eran predicadores, me impusieran manos y oraran por mí.

¿Regresé yo al Señor ese día? No, pero sí estaba muy irritado. Desde entonces no volví a sentarme adelante en la iglesia; me sentaba atrás, lo más lejos posible de mi abuelita. En aquel tiempo, eso la irritaba, pero hoy puedo reírme de ello. Y estoy agradecido por una abuelita de oración. ¿Tienes tú una abuelita de oración? ¿Está empeñada en que tú regreses a Dios? Date por vencido porque no puedes huir de las oraciones de tu abuelita. Hablaré luego de cuando sí regresé al Señor. Pero por ahora voy a compartir más momentos de Dios que tuve con mi abuelita.

Mi abuelita era más una ciudadana del cielo que de la tierra. Ella siempre hablaba de ir al cielo y ver a sus seres queridos que ya estaban allá. Con el paso de los años, más anhelaba su corazón estar con su familia y amigos que ya habían fallecido. Ella también me enseñó que yo no soy un ciudadano de esta tierra. Esta tierra no es mi hogar; solamente estoy de paso. Ahora que tengo más de sesenta años, he empezado a comprender lo que significa anhelar el cielo. Al igual que mi abuelita, ya han partido muchos familiares y amigos, que ahora están en el cielo.

Las oraciones de mi abuelita fueron contestadas en 1984 cuando me arrodillé en el altar y dediqué mi vida a Cristo de nuevo. Compartiré sobre ese momento de Dios en el siguiente capítulo. Mi abuelita se puso muy feliz porque ella sabía que Dios me había llamado a ser pastor. Yo creo que ella lo sabía desde que yo era un bebé, porque Jesús le había compartido esa información.

En 1985 yo subí a un autobús hacia la Universidad Kingswood en Sussex, Nueva Brunswick, Canadá, donde yo iba a estudiar para el ministerio. Recuerdo que mientras abordaba el autobús hacia esa universidad bíblica, mi abuelita estaba tan feliz y me despidió con una gran sonrisa. Yo creo que yo fui la última misión que ella tenía. Ella sabía que antes de morir, yo tenía que regresar al Señor y encaminarme por la senda correcta a la que Dios me había llamado. Y ella logró ver el cumplimiento.

Mientras yo estudiaba en la universidad bíblica, mi abuelita se puso muy enferma y fue internada en el hospital Allegan Medical Care. Yo la llamaba por teléfono cada semana y conversaba con ella.

Yo experimenté unos momentos de Dios asombrosos con mi abuelita antes que ella partiera al cielo. Se acercaba la Navidad y mi mamá me llamó para decirme: "Tienes que regresar a casa, hijo; abuelita está a punto de morir, pero no lo hará hasta que te vea." Así que compré boletos de avión y volé a casa a pasar la Navidad con mi familia y mi abuelita.

Durante las dos semanas siguientes yo estuve sentado al lado de su cama. Mi abuelita se dormía y despertaba a cada rato. Entonces, la presencia de Dios invadía su cuarto. La habitación se llenaba de una gloria de Dios muy real. Era como si el velo entre el cielo y la tierra fuera muy fino, y mi abuelita iba y venía entre los dos mundos.

Mientras ella dormía, de repente se sentaba y decía: "Vamos a cantar Cuando Todos Vayamos Al Cielo." Ese era su himno favorito. Después que terminamos de cantar, ella se acostaba y se volvía a quedar dormida. Podías sentir la presencia de ángeles en su cuarto. Una vez, cuando abuelita abrió sus ojos, yo le pregunté: "¿Puedes oír a los ángeles cantar?" "¡Sí!", exclamó. "¿Ha venido Jesús a visitarte?", le pregunté. Ella me dijo: "Sí". Durante esas dos semanas yo experimenté muchos momentos de Dios con ella. Su cuarto constantemente estaba lleno de la gloria de Dios y la presencia del cielo.

Entonces llegó el momento en que yo debía regresar a la universidad bíblica. Mi abuelita se acercaba más a su muerte día a día. Ella me dijo: "Tengo una petición. Tú vas a regresar a la universidad y yo me voy a morir. No debes venir a mi funeral. Es más importante para mí que tú te quedes y estudies para el ministerio en vez de venir a mi funeral." Me sorprendió su petición, pero cuando abuelita te daba algo que hacer, algo que era muy importante para ella, no podías desobedecer. Yo le prometí que permanecería en la universidad. Ella me sonrió. Después de todo, no quería meterme en problemas cuando llegara al cielo y la viera, porque yo sabía que esa era una petición que ella no iba a olvidar.

Cuando iba saliendo yo de su cuarto ese día, ella me miró, agitó su mano sonriendo, y me dijo: "Té veré luego. Tú serás un buen misionero." Al salir por la puerta de su cuarto, pensé: "No, yo no voy a ser misionero; voy a ser pastor." Pero un año después, me hallé en el campo misionero como parte de un grupo de corto plazo a México. Jesús le contaba a mi abuelita todo. Según yo, Jesús me delataba por todo. (Sonrisa)

Dos semanas después, mi mamá me llamó y dijo: "Parece que tu abuelita no va a resistir más que esta noche." La familia y amigos se habían reunido alrededor de su cama conforme abuelita se acercaba más y más al cielo. Luego, de repente comenzó a entusiasmarse mucho. Ella le dijo a mi tío Russell: "¿Puedes verla?" Él respondió: "¿Ver qué?" "La Tierra Brillante", dijo ella. "No, no la puedo ver", dijo él. "Cuán hermoso es allá", replicó ella. Entonces empezó a exclamar: "Allí está mi esposo, Alvin". Su entusiasmo crecía a cada momento. Todos sus signos vitales estaban bien. Luego exclamó: "¡Veo a Jesús! Ahí voy, Señor". Ella se recostó, dio un respiro profundo, sonrió y su corazón se detuvo mientras ella se iba para estar con Jesús. Ella salió de esta vida directamente al cielo, donde quería estar. Ella había cumplido su última misión: ¡yo!

Mi madre me llamó para contarme que abuelita había fallecido. Me preguntó si yo iba a viajar a casa para el funeral. Yo le respondí: "No". Ella me preguntó: "¿Por qué?" Yo le compartí que abuelita me había instruido que no viniera a su funeral, sino que me quedara en la universidad, estudiando para el ministerio. Yo lloré ese día, pero no fueron lágrimas de tristeza, sino lágrimas de gozo. Y yo estaba con un corazón muy agradecido, por tener la oportunidad de pasar mi niñez con abuelita, para experimentar todos sus momentos de Dios. Ella amaba a Jesús muchísimo y caminaba con Él todos los días.

Me contaron que la Iglesia Wesleyana Diamond Springs estuvo repleta con más de trescientas personas presentes para el funeral de abuelita. Verás, abuelita había tocado muchas vidas y tuvo un impacto significativo en tantas personas. Incluso el superintendente general de la Iglesia Wesleyana estuvo allí. Todos cantaron su canción favorita: "Cuando Todos Vayamos Al Cielo". En honor a ella, aquí comparto la letra de ese antiguo himno que tanto aprecio todavía.

Cuando Todos Vayamos Al Cielo

Canta del maravilloso amor de Jesús,
Canta de su misericordia y su gracia;
En las mansiones brillantes y bendecidas
Él nos preparará un lugar.

Cuando todos vayamos al Cielo,
¡Cuánto regocijo habrá ese día!
Cuando todos veamos a Jesús,
¡Cantaremos y gritaremos la victoria!

Al andar por la senda del peregrino,
Las nubes se extenderán sobre el cielo;
Mas, cuando los días de viaje terminen,
Ni una sombra, ni un suspiro habrá.

Seamos, pues, fieles y verdaderos,
Confiando, sirviendo cada día;
Solo una mirada a Él en su gloria
Repondrá las fatigas de la vida.

Cuando todos vayamos al Cielo,
¡Cuánto regocijo habrá ese día!
Cuando todos veamos a Jesús,
¡Cantaremos y gritaremos la victoria!

¡Adelante hacia el premio frente a nosotros!
Pronto admiraremos su hermosura;
Pronto se abrirán las puertas nacaradas;
Caminaremos por las calles de oro.

Cuando todos vayamos al Cielo,
¡Cuánto regocijo habrá ese día!
Cuando todos veamos a Jesús,
¡Cantaremos y gritaremos la victoria!

Cuando todos veamos a Jesús,
¡Cantaremos y gritaremos la victoria! [1]

Yo agradezco a mi abuelita por su vida de oración y cómo ella vivió para Jesús. Oro a Dios para que su historia haya sido una gran inspiración para ti. Ella me enseñó el valor de los momentos de Dios y cómo reconocerlos. Mi oración es que, habiendo leído este capítulo, hayas sentido la presencia de Jesús tocando tu vida. Todo puede cambiar en un momento, especialmente cuando Jesús está dentro de ese momento.

---

[1] "When We All Get To Heaven" letra de Eliza Hewitt; música de Mrs. J. G. (Emily) Wilson, 1898. Dominio Público.

CAPÍTULO 4

Hagamos Un Trato

Yo corrí con todas mis fuerzas para alejarme de Dios durante cinco años. Pero a cada lugar donde corría, más bien me topaba *con* Dios. A cualquier lugar donde fuera yo, Dios estaba allí. Él me estaba recordando de su llamado sobre mi vida. Las oraciones de mi abuela me perseguían porque ella estaba resuelta y decidida que yo no iba a escapar. De manera que si tienes una abuelita que ora y estás alejado de Dios, mejor será rendirte. No vas a lograr escapar.

"La descendencia de los justos será librada." — *Proverbios 11:21b*

Si tienes hijos descarriados, sigue orando por ellos. Jesús tiene su forma de traerlos de vuelta y alinearlos con Él, donde necesitan estar. Mantén la fe. Sigue peleando la buena batalla de la fe. Yo he leído el final del libro y, ¿adivina qué? ¡Nosotros ganamos! No es la voluntad de Dios que ninguno perezca, sino que todos procedan al arrepentimiento. Así que no te rindas de estar orando si tienes a un hijo que está atrapado en las drogas o el alcohol y vive una vida de pecado porque, en cualquier momento, cuando Dios se aparezca, Él puede darle un giro a todo.

"Así que, si el Hijo os liberta, seréis verdaderamente libres."
— Juan 8:36

Jesús quiere que tus seres queridos lo conozcan. Y Él hará lo que sea necesario para que eso ocurra.

En julio de 1984, yo iba conduciendo hacia mi casa después de estar afuera hasta tarde. Mientras conducía mi auto por la carretera, yo podía escuchar la voz del Señor en mi espíritu diciendo: "¿Estás listo para dejar de correr? ¿Estás listo para darte por vencido? ¿Estás listo para hacer aquello para lo que te llamé?" Yo respondí: "Sí, Señor." Esa fue la noche en que mi vida empezó a cambiar.

No era que yo no quisiera seguir a Dios, sino que sentía que Dios había elegido a la persona equivocada. Después de todo, ¿quién era yo? Mis inseguridades y temores me estaban impidiendo seguir el llamado de Dios. Como yo apenas sobreviví la escuela secundaria, ¿cómo es que lograría terminar la universidad? Yo ni tenía dinero para ir a la universidad. Tendría que vender mi Camaro, por el cual estaba endeudado. La fecha tope para matricularme en la universidad estaba muy cerca. Yo no veía manera alguna posible de que todo se arreglara para que yo pudiera matricular el primer semestre. Con solo cinco semanas restantes, ya me habían denegado préstamos estudiantiles.

Luego de ese compromiso con el Señor en julio de 1984, yo asistí a una reunión de avivamiento en Hastings, Michigan. No tenía manera de saber que estaba yo a punto de tener un momento de Dios significativo. Mi evangelista favorito, Tom Hermies, cuyos abuelos habían sido mártires en Turquía, era el predicador invitado. Yo realmente me sentí atraído a sus mensajes. Mientras él predicaba, yo caí bajo la convicción del Espíritu Santo y sentí que me decía: "Si no dejas de huir de mí, yo voy a dejar de provocarte convicción." Eso realmente me asustó. Yo respondí: "Sí, Señor, dejaré de huir y te seguiré y haré lo que quieras que haga. Pero no quiero lo que experimenté en la iglesia cuando crecía."

No es que mi iglesia fuera mala, y yo aprecio el fundamento espiritual que hubo sobre mi vida. Le dije al Señor que yo quería ver y experimentar lo que leí en el libro de Hechos. Así que le propuse esto al Señor: "Dios, hagamos un trato. Si tú vendes mi carro sin que yo lo ponga en venta y provees mis gastos de la universidad, yo asistiré. Mi carro tiene que venderse por el precio que estoy pidiendo, y Tú tienes que permitirme experimentar lo que leí en el libro de los Hechos. Entonces haré lo que quieras que haga y diré lo que quieras que diga." Así que, frente a más de mil personas, caminé por el pasillo, me arrodillé frente al altar y dediqué de nuevo mi vida a Jesucristo. Mi abuelita estaba allí y mis familiares, que eran predicadores, impusieron todos sus manos sobre mí y oraron por mí. Todavía ahora, al escribir esto, me corren las lágrimas por el rostro al recordar esa experiencia.

Yo escribí esto estando en una cafetería. Una niña me preguntó lo que yo estaba haciendo. Le compartí acerca de mi abuelita y mi regreso al Señor. Yo le pregunté si ella era cristiana. Me dijo que no lo era. Yo le dije que Dios la había traído allí, y ella respondió: "No, estoy aquí para comprar un café." Pero tuve la oportunidad de contarle que Jesús la amaba y que se trataba de una relación personal con Él, no una religión. Ella sonrió y dijo: "Gracias", y salió de allí.

De vuelta a mi historia del 'trato'. Me quedaban cuatro semanas para prepararme para la universidad. Mucha gente no sabía qué pensar cuando les dije que iría a la universidad bíblica para ser un predicador. Después de todo, yo había estado huyendo de Dios por cinco años. Nadie pensó que yo fuera a cambiar. Pero, de la noche a la mañana, yo cambié de estar huyendo de Dios, a rendirme a su voluntad. La gente estaba asombrada, pero muchos dudaban. En mi trabajo, les di cuatro semanas de aviso sobre mi renuncia. Esa fue una decisión de fe porque no tenía dinero y debía cancelar una deuda antes de poder irme. Mis padres me sentaron para tener una charla seria conmigo y, después de eso, apoyaron mi decisión. Ellos no tenían los fondos para pagar la universidad, pero dijeron que yo podía llevarme el viejo Chevrolet Impala que estaba en el patio, una vez que vendiera mi Camaro. El Impala era blanco, y los guardabarros aleteaban cuando yo lo conducía por la carretera.

Secretamente, yo esperaba que Dios no cumpliera su parte del trato. Luego, una semana más tarde, mientras estaba comiendo en un restaurante, una joven caminó hacia mí y me preguntó: "¿Ese Camaro azul en el parqueo es suyo?" "Sí", le respondí. "Me gustaría comprarlo. ¿Cuánto quieres por él?", contestó. Yo le di mi precio, esperando que se desanimara, pero me dijo: "Me lo llevo." Y así, no más, mi lindo auto se fue y tuve que resignarme a conducir el Chevrolet Impala blanco con guardabarros que aleteaban. Dios me estaba humillando. Pero estaba agradecido con el auto porque andaba bien y me rindió hasta terminar la universidad.

Luego decidí asistir a la universidad bíblica Bethany, cuyo nombre actual es Kingswood University in Sussex, en Nuevo Brunswick, Canadá. Pero todavía no tenía dinero para la universidad, y la fecha tope para la matrícula estaba muy próxima. Durante ese tiempo, yo servía en la iglesia Central Community Church, y yo salía cada semana a ministrar, a guiar a la gente a los pies de Jesús y a llevarlos a la iglesia. Muchos bajaban por el pasillo para hacer una profesión de fe. Estoy compartiendo esta parte de mi historia porque es esencial.

En esa época, yo trabajaba con el pastor John Seymour, y él había compartido sobre mi dilema financiero con alguien de la iglesia, quien tomó un gran interés en mí y mi llamado. Un domingo después del culto, el pastor John me presentó a Dan y Samantha Jackson. Ambos medían como 1,83 mts. de altura. Dan caminó hacia mí, me estrechó la mano y dijo: "Escuché que necesitas dinero para la universidad." "Sí", le respondí. Dan y Samantha me invitaron a su casa en Saginaw, Michigan. Ellos vivían el área de Golden Avenue y, al conducir yo hasta la entrada, me di cuenta de que este era un hogar muy elegante. Yo quería hallar un lugar alejado donde estacionar mi carro, pues era una pila de herrumbre. Entonces, entré en su casa y les compartí mi historia sobre mi huida de Dios, cómo volví a dedicarle mi vida y sobre el llamado de Dios en mi vida. Fue un hermoso tiempo de compañerismo y alabanza a Dios. Dan me dijo que quería que yo regresara dentro de dos semanas y que él iba a orar y preguntarle a Dios lo que debía hacer. En mi corazón, pensé: "¡Ay, no! Dios, estás a punto de cumplir tu parte del trato."

El haber conocido a Dan y Samantha fue un momento de Dios. Dos semanas después, yo regresé a la casa de ellos y cenamos juntos de nuevo. Me dijeron que Dios les había puesto en el corazón pagar por mi primer semestre en la universidad. "¿Cuánto necesitas?", preguntaron, y luego escribieron un cheque y me lo entregaron. Yo les dije: "¿Y qué pasa si fracaso?" Ellos respondieron: "No te dimos el dinero a ti, sino a Dios." Yo pensé: "¡Guau! Dios, eres asombroso." Samantha dijo:

"Trabajarás cada vez que estés en casa y nosotros pagaremos por lo que te falte para la universidad." Eso era increíble.

Recuerdo que iba yo en el autobús a la universidad bíblica para mi primer semestre. Pensé: "Dios, espero que sabías lo que estabas haciendo cuando me llamaste." Yo me gradué después de cuatro años en la universidad, gracias a la obediencia de Dan y Samantha. *Gracias por estar dispuestos a arriesgarse con un joven que tenía muchas debilidades, inmadureces y temores.* Digo esto porque yo sé que algún día ellos leerán estas palabras.

Quizá seas alguien que siente un llamado de Dios sobre tu vida, pero no sabes qué hacer. Si Dios te llama, Él va a equiparte y proveer para ti. Ora para caminar en obediencia y andar por fe. Vale la pena seguir a Jesús y hacer lo que sea que te pida. El velará por su cumplimiento hasta el final, de la misma manera que Él cuidó de mí en aquel momento, y aún me cuida hoy.

Tal vez seas empresario o empresaria o alguien que ha sido bendecido económicamente y que podrías invertir en el reino de Dios. Te invito a invertir en las vidas de las personas que desean servir al Señor y hacer una diferencia en estos tiempos en que vivimos. Cualquier dinero o riqueza que tengamos nos ha sido dada por el Señor.

> *"Sino acuérdate de Jehová, tu Dios, porque él es quien te da el poder para adquirir las riquezas, a fin de confirmar el pacto que juró a tus padres, como lo hace hoy."* — Deuteronomio 8:18

> *"La bendición de Jehová es la que enriquece, y no añade tristeza con ella."* — Proverbios 10:22

Si tienes riqueza, quiero animarte a que no tengas temor de compartirla y entregarla para ayudar a quienes desean servir al Señor. Jesús te bendecirá por tu generosidad.

Ten cuidado cuando hagas un trato con Dios. Él sabe cómo proveer y está plenamente consciente de tus necesidades.

"Mi Dios, pues, suplirá todo lo que os falta conforme a sus gloriosas riquezas en Cristo Jesús." — *Filipenses 4:19*

No huyas de Él, sino ríndete a su voluntad, porque la cuenta es suya. Él proveerá.

CAPÍTULO 5

Debe Haber Más

La pequeña iglesia a la que asistí cuando crecía era la Iglesia Wesleyana de Diamond Springs. Cuando yo era un niño pequeño la iglesia parecía tener mucho más del fuego de Dios que ahora. Recuerdo que el Espíritu Santo se movía de maneras asombrosas durante nuestros servicios. Teníamos reuniones de Oración Unida, donde otras iglesias locales se juntaban para orar y buscar del Señor. Habían clamores fuertes, oraciones en voz alta y caminatas por los pasillos.

La Iglesia Wesleyana de Diamond Springs no era pentecostal, pero parecía más pentecostal de lo que son algunas iglesias pentecostales hoy. Por eso, cuando yo dediqué mi vida a Cristo en 1984, realmente empecé a darme cuenta de que tenía que haber más. Leyendo el libro de Hechos y comparándolo con mi iglesia, sentía que algo primordial estaba faltando, principalmente basado en Hechos, capítulo 2. Yo leí acerca del día de Pentecostés, pero muchas personas que yo conocía decían que los dones del Espíritu Santo y el hablar en lenguas no eran para hoy. Los siguientes dos versículos de la Biblia dicen algo diferente:

"Porque yo, Jehová, no cambio; por esto, hijos de Jacob, no habéis sido consumidos." — *Malaquías 3:6*

"Jesucristo es el mismo ayer, hoy y por los siglos." — *Hebreos 13:8*

Mi pregunta era esta: "Si Dios no cambia, ¿entonces por qué Jesús establecería la iglesia de una forma para cambiarla luego, justo en medio de todo?" La respuesta es: "Él no lo haría porque Él no cambia."

Me di cuenta de que la iglesia debe ser como lo que fue en el libro de Hechos. Así que empecé una búsqueda para hallar una iglesia que operara en los dones del Espíritu Santo y el poder del cielo. El deseo de mi corazón era ver a la gente salva, sanada y liberada. También quería ver los dones del Espíritu Santo en acción, pero no sabía dónde buscar o ir.

Durante la reunión de campaña en 1984, cuando volví a dedicar mi vida a Cristo, yo tuve una conversación con una mujer joven acerca de su iglesia. Yo era soltero y quería viajar y experimentar una iglesia ardiendo por Jesús. Ella me dijo que el pastor Eddie Smith de Inglaterra iba a estar en su iglesia como predicador invitado. Me contó que él tenía el don de sanidad y operaba en los dones del Espíritu Santo. Eso elevó mi interés de escucharlo hablar y observar los dones del Espíritu Santo operando. La iglesia de ella se llamaba Menonita de la Comunión, en Goshen, Indiana. Yo pensé: "Vaya, eso sí es diferente. ¿Una iglesia menonita que sea carismática?" Ahora mi interés estaba al tope. Las reuniones de una semana de duración se enfocaban en el discipulado y el bautismo del Espíritu Santo. Yo decidí asistir a todos los servicios para aprender todo lo que pudiera sobre lo que me podría estar faltando.

Recuerdo cuando entré al primer servicio y por primera vez oí a la gente hablando en lenguas. Me detuve y escuché. No era temible ni extraño, como me habían contado. La presencia de Jesús estaba allí cuando hablaban en lenguas y me gustó. Durante el primer servicio escuché lenguas e interpretaciones. Oí a alguien cantar en lenguas y a otra persona interpretar esa canción. Yo vi al Espíritu Santo moverse por primera vez en mi vida. Fue realmente asombroso.

Cuando fui al servicio de la noche, nadie sabía que yo tenía un hombro adolorido. Al final del servicio, el pastor Eddie Smith recibió una palabra de Jesús acerca de alguien que tenía un hombro adolorido y necesitaba ser sanado. Yo no quería levantar mi mano, y miré alrededor para ver si alguien más levantó la mano. Ya que nadie lo hizo, me acerqué al pastor Eddie después del servicio y le pedí que me perdonara por no levantar mi mano. Él me dijo: "Está bien. En el nombre de Jesús, sea sanado." El dolor en mi hombro se fue al instante. Yo pensé: "¡Guau!"

Comencé a darme cuenta que los dones del Espíritu Santo y el bautismo del Espíritu Santo son para hoy. Pero yo luchaba por vencer el adoctrinamiento denominacional que enseñaba lo contrario. Yo regresé a mi casa esa noche, alabando al Señor.

Al día siguiente, conduje de vuelta a Goshen, Indiana, para asistir a otro servicio. En ese servicio dieron una invitación para recibir el bautismo del Espíritu Santo. Yo decidí caminar hacia el frente después del servicio porque no quería una experiencia emocional. Yo quería saber que lo que recibiría era realmente del Señor. Así que, después del servicio, fui hacia un caballero cerca del altar y le pedí que orara por mí para recibir el bautismo del Espíritu Santo. Él tomó mis manos y me guió en una oración para recibir el bautismo del Espíritu Santo. Mientras oraba, sentí como si me hubiera impactado un rayo. Sentí una descarga desde mi cabeza hasta la planta de mis pies. Le dije: "¡Lo tengo!" "Diga Aleluya", exclamó él. Ahora sé lo que él estaba tratando de hacer; estaba procurando que yo empezara a orar en lenguas. Regresé a casa cantando y alabando a Dios. Él trajo una canción a mi corazón que voy a compartir contigo acá:

Yo Lo Alabaré

Cuando yo vi la fuente purificadora
Amplia y abierta por todo mi pecado,
Obedecí la invitación del Espíritu,
Cuando dijo: "¿Quieres ser limpio?"

¡Yo lo alabaré! ¡Yo lo alabaré!
Alabado el Cordero inmolado por los pecadores;
Dadle gloria, todos los pueblos,
Pues su sangre puede limpiar toda mancha.

Aunque la senda parezca recta y angosta,
Todo lo que reclamé fue desechado;
Mis ambiciones, planes y deseos,
Yacen en cenizas a mis pies.

Luego el fuego de Dios sobre el altar
De mi corazón fue encendido;
Nunca cesaré de alabarlo
¡Gloria, gloria a su Nombre!

¡Bendito sea el Nombre de Jesús!
Soy tan feliz que Él me recibió;
Él perdonó mis transgresiones,
Él limpió mi corazón del pecado.

¡Gloria, gloria al Padre!
¡Gloria, gloria al Hijo!
¡Gloria, gloria al Espíritu!
¡Gloria al Tres en Uno! [2]

La canción describe con precisión cómo yo me sentí. Sentí que el fuego de Dios había descendido sobre el altar de mi corazón. Y mi corazón quedó ardiendo. Lo único que podía hacer era alabar el nombre de Jesús. Esa noche al llegar a casa, abrí la ventana de mi cuarto y oré al Señor. Le dije que yo quería el lenguaje de la oración, y que yo abriría mi boca y esperaba que Él la llenara. Cuando abrí mi boca empecé a hablar en lenguas. Esto aún era una lucha porque se me enseñó algo muy distinto cuando era joven. Pero yo sabía que Jesús me había dado este don. Jesús dijo que si le pedimos pan, Él no nos daría una piedra o una serpiente.

Le pregunté a mi doctor, un hombre lleno del Espíritu, si podía recomendarme una iglesia que fluyera en los dones del Espíritu Santo.

---

[2] "I Will Praise Him" letra y música por Margaret J. Harris, 1898. Dominio Público

Él me orientó hacia la Primera Iglesia Asambleas de Dios en Grand Rapids, Michigan, donde empecé bajo el ministerio del pastor Wayne Benson. Yo observé los dones del Espíritu Santo moviéndose en su iglesia, igual que en la iglesia Menonita Comunión en Indiana. Alabado sea Dios, que encontré una buena iglesia cerca de mi casa, donde asistí a cuantos servicios fuera posible.

Esa iglesia fue una parte esencial de mi preparación para la universidad bíblica en el ministerio. Alabado sea Dios, Jesucristo es el mismo ayer, hoy y por siempre. Alabado sea Dios, la forma como operó la iglesia primitiva es como la iglesia debe operar hoy. El Espíritu Santo es real, y los dones del Espíritu Santo son reales y son para hoy. Se trata de la intimidad con Jesús. Él es nuestra fuente de poder, quien nos ayuda en nuestro tiempo de necesidad, y su poder les demuestra a los demás que Jesucristo es real y está vivo.

Poco después de ser bautizado con el Espíritu Santo, yo empecé a orar por la sanidad de otros. La presencia de Dios se manifestó de maneras asombrosas y Él contestó mis oraciones.

Alguien me contó la historia de un profesor de griego de la universidad local, que asistió a uno de los servicios de la iglesia. Durante el servicio alguien se puso de pie y habló en lenguas y otro las interpretó. Luego, el profesor preguntó: "¿Cómo es que su gente aquí sabe hablar en griego?" Es que el profesor no era creyente, y lo que él presenció lo sorprendió. El pastor Benson le dijo: "Ellos no hablan griego; solo estaban hablando en lenguas." La Biblia dice que las lenguas son una señal para los inconversos, para que puedan convencerse de que Jesús es real.

Yo quiero desafiar tu caminar con Jesús. El bautismo del Espíritu Santo es real, y los dones del Espíritu Santo son reales también. Son como herramientas en nuestro cinturón que nos ayudan a ministrar a un mundo perdido y moribundo, y a llevar el evangelio hasta los confines del mundo. Necesitamos toda la ayuda posible, así que alabo a Dios por el Espíritu Santo y sus maravillosos dones.

Dios nos da una palabra, sea de la Escritura o profética.
Debemos de tomar esa palabra y pelear la buena batalla de la fe con ell.

~ Pastor Gale Kragt

CAPÍTULO 6

"¡Sí, Tú!"

A ntes de ir a la universidad bíblica, luego de recibir el bautismo del Espíritu Santo, muchas cosas empezaron a pasar. En esos tiempos yo llevaba puesta una chaqueta de piel y el cabello me llegaba hasta los hombros. Yo siempre oraba para que Dios confirmara su llamado sobre mi vida. Después oí que se había agendado una reunión de la Fraternidad de Hombres de Negocios del Evangelio Completo en Holland, Michigan. Decidí asistir y escuchar al orador, que era de Indiana. Nadie en esa reunión me conocía, así que pensé que podía sentarme entre ellos y solamente escuchar.

El orador habló por un buen rato, pero no recuerdo de qué habló. Entonces llegó en momento de ministración frente al altar. Él nos dijo que antes de llegar a la reunión esa noche, Dios le había dicho que alguien especial estaría en esa reunión. Él llamó a su esposa a pasar adelante con el aceite de ungir. Luego me señaló directamente. Yo miré alrededor para ver si estaba señalando a alguien más, pero él dijo: "Sí, tú". Me levanté y caminé hacia adelante. Él le dijo a su esposa: "Úngelo con aceite". Yo pensé: "¿Para qué, si no estoy enfermo?" Entonces me dio una palabra profética. Me dijo: "¿Sabes que has sido llamado al ministerio? Tú serás usando grandemente en sanidad. Satanás te lanzará todos los dardos del infierno para detenerte." Luego levantó su mano hacia el cielo y dijo: "En el Nombre de Jesús". En el momento que dijo eso, yo caí para atrás al piso. Nadie me sostuvo; sin embargo, sentí como si flotara hasta el piso. Yo oí cuando mi cabeza golpeó el piso, pero no me dolió. Yo estaba abajo, en el piso y no podía moverme. Al momento que di contra el piso, el orador saltó en el aire y gritó: "¡Aleluya!" Les pidió a otros que pasaran adelante, impusieran manos sobre mí y oraran. Pasaron treinta minutos antes de poder levantarme. ¡Qué momento más inolvidable!

Todas las palabras que ese predicador pronunció sobre mí ya se han cumplido. A lo largo de los años, al haber pasado por una lucha tras otra, Dios me ha recordado la palabra que Él habló sobre mi vida hace años. El Señor te dará una palabra en tu hoy, para que puedas entrar y atravesar tu mañana. Puede ser una palabra profética o quizá estés leyendo la Biblia y la Escritura parece que te salta de la página.

"Este mandamiento, hijo Timoteo, te encargo, para que, conforme a las profecías que se hicieron antes en cuanto a ti, milites por ellas la buena milicia,"   *— 1 Timoteo 1:18*

Dios nos da una palabra, sea de la Escritura o profética. Debemos tomar esa palabra y pelear la buena batalla de la fe con ella.

"Pero tú, hombre de Dios, huye de estas cosas y sigue la justicia, la piedad, la fe, el amor, la paciencia, la mansedumbre. Pelea la buena batalla de la fe, echa mano de la vida eterna, a la cual asimismo fuiste llamado, habiendo hecho la buena profesión delante de muchos testigos."   *— 1 Timoteo 6:11-12*

¿Sigues tú al Señor en lo que Él te ha llamado a hacer, sabiendo que será una batalla? Debemos pelear la buena batalla y nunca darnos por vencidos.

Otro excelente ejemplo de alguien en la Escritura que recibió una palabra del Señor y luego atravesó una enorme prueba es José.

"Y José tuvo un sueño y cuando lo contó a sus hermanos, ellos lo odiaron aún más. Y él les dijo: Os ruego que escuchéis este sueño que he tenido. He aquí, estábamos atando gavillas en medio del campo, y he aquí que mi gavilla se levantó y se puso derecha, y entonces vuestras gavillas se ponían alrededor y se inclinaban

hacia mi gavilla. Y sus hermanos le dijeron: ¿Acaso reinarás sobre nosotros? ¿O acaso te enseñorearás sobre nosotros? Y lo odiaron aún más por causa de sus sueños y de sus palabras. Tuvo aún otro sueño, y lo contó a sus hermanos, diciendo: He aquí, he tenido aún otro sueño; y he aquí, el sol, la luna y once estrellas se inclinaban ante mí. Y él lo contó a su padre y a sus hermanos; y su padre lo reprendió, y le dijo: ¿Qué es este sueño que has tenido? ¿Acaso yo, tu madre y tus hermanos vendremos a inclinarnos hasta el suelo ante ti?"
— *Génesis 37:5-10*

"Hasta la hora en que se cumplió su palabra, el dicho de Jehová lo probó."
— *Salmo 105:19*

Dios le dio a José una palabra mediante sueños proféticos. Él sabía que José necesitaría asirse de esas palabras por causa de los momentos durísimos que atravesaría en los años venideros. Las palabras que recibió José se volvieron un ancla para su alma durante los tiempos de tormentas. Primero, sus hermanos lo odiaban, lo arrojaron dentro de una cisterna y lo vendieron como esclavo. Fue acusado falsamente por la esposa de Potifar y luego fue encarcelado. Al fin, después de muchos años, él interpretó correctamente los sueños del copero y del panadero y fue ascendido. Él fue de la prisión al palacio en lo que pareció de la noche a la mañana. Él atravesó años de preparación y dificultades, pero tenía esas palabras del Señor a las cuales aferrarse. Escucha lo que José dijo años más tarde, cuando estaba de pie frente a sus hermanos.

"Vosotros pensasteis hacerme mal, pero Dios lo tornó en bien para que sucediera como vemos hoy, y se preservara la vida de mucha gente."
— *Génesis 50:20*

Lo que sus hermanos planearon para mal, al final Dios lo encaminó para bien. Al ser el segundo al mando en Egipto, él fue un instrumento para salvar a su familia de la hambruna.

A menudo, cuando atravesamos dificultades, no sabemos por qué. Debemos tener en mente el panorama general; Dios sabe todo lo que vendrá.

"Y sabemos que para los que aman a Dios, todas las cosas cooperan para bien, esto es, para los que son llamados conforme a su propósito." — *Romanos 8:28*

Cuando caminas dentro de los propósitos de Dios y su voluntad, no significa que no vas a atravesar momentos difíciles. Pero al caminar con Él, según su propósito, el Señor tomará lo que el enemigo propuso para mal y lo transformará para tu bien.

Todos tenemos que pelear la buena batalla de la fe con las palabras que el Señor nos ha dado y no darnos por vencidos. Nunca debemos olvidar que hay un panorama mucho mayor del que podemos ver. Debemos enfocarnos en lo que no se ve, y no en lo que vemos, porque lo visible es temporal, pero lo invisible es eterno.

A menudo le he pedido al Señor que me ayude a entender y ver lo que el cielo ve. Así, no pierdo la esperanza cuando estoy atravesando un tiempo difícil. Tenemos que recordar que cuando somos probados, el enemigo viene y nos dice mentiras acerca de nosotros mismos y sobre Dios. Una mentira tiene poder solamente si la creemos. Muchas de las mentiras de Satanás se basan en cómo nos estamos sintiendo. Debemos recordar que caminamos por fe y no por vista.

Lo que Dios ha dicho en Su palabra es verdad. Cuando nuestros sentimientos no se alínean con la palabra de Dios, debemos hacer a un lado nuestras emociones y caminar de acuerdo con la Palabra de Dios. Tus sentimientos van a fluctuar con frecuencia. Sin embargo, la Palabra de Dios permanece igual y perdurará para siempre.

Te animo a sacar un rato para escribir todos los pasajes que Dios te da en un cuaderno. Además, anota todas las palabras proféticas de parte del Señor que se hayan pronunciado sobre ti. De esta forma podrás repasarlas y pelear la buena batalla de la fe. El profeta Mark Bredenkamp dice: "Yo estoy anticipando la inevitable intervención sobrenatural de Dios."

La Biblia es la Palabra de Dios. Efesios, capítulo 6, declara que es la espada del Espíritu y también se le llama una espada de doble filo. Cuando leemos y declaramos la Palabra de Dios, la espada es de doble filo, muy afilada, y *el enemigo no puede hacerle frente*. Así que no dejes de pronunciar la Palabra de Dios sobre tu vida y las vidas de tus hijos. Haciendo esto, pelearás la batalla que vale la pena. Voy a repetir lo que dije antes: "Yo he leído el final del libro; nosotros ganamos y Satanás pierde."

Ella exclamó:
"¡Un predicador en nuestro jardín!
Pase adelante."

...En seguida me di cuenta de que
yo estaba en un lugar muy peligroso.

~Pastor Gale Kragt

CAPÍTULO 7

EL TRAFICANTE DE DROGAS Y EL PREDICADOR

*D*urante mis cuatro años en la Universidad Kingswood, estudiando para ser pastor, era requisito completar ciertos créditos de formación de servicio cristiano. Debíamos elegir una iglesia donde queríamos servir en algún área del ministerio de esa congregación. Yo escogí la Sussex Westland Church, una pequeña iglesia de unas cien personas. Yo elegí el ministerio del autobús. Mi trabajo era ir a múltiples caseríos de remolques cada sábado, yendo de puerta en puerta a invitar a la gente a la iglesia, y luego recogerlos en un autobús el domingo, para que pudieran asistir al servicio.

Recuerdo que en una ocasión, mientras servía yo junto con un joven y otro caballero, tocamos una puerta, pero nadie respondió. Cuando íbamos saliendo del predio, de repente se abrió la puerta y salió un hombre de su casa cargando un bate de béisbol. Caminando hacia nosotros, preguntó: "¿Por qué están ustedes en mi jardín?" Yo respondí: "Vinimos a invitarte a la iglesia." "Salgan de mi jardín y no vuelvan jamás", exigió. Salimos de su propiedad, caminando hacia atrás, pues no queríamos darle la espalda al hombre. Yo alabo a Dios que pudimos retirarnos de aquel lugar sin ser lastimados.

Un día decidí ir a tocar puertas por todo el caserío de remolques yo solo. Había un remolque en particular donde yo quería conocer a la gente que vivía allí. Pero ellos tenían un gran perro pit bull por la puerta principal, con una gran cadena alrededor de su cuello. Parecía muy bravo, y no me atreví a acercarme. Así que, semana tras semana, yo pasaba caminando frente a ese remolque orando: "Señor, me gustaría testificarles a las personas en este remolque." Nada ocurrió durante muchas semanas. Pero un día, al pasar yo caminando, una niñita salió corriendo, pasó frente al pit bull, se me acercó y dijo: "Mi mamá quisiera hablar contigo." Yo le dije: "Anda a traer a tu mamá. Yo le tengo miedo a tu perro." Ella entró corriendo a su casa y volvió con su madre de la mano. La señora se me acercó y preguntó: "¿Quién eres?" "Soy un estudiante de Biblia de la Universidad Kingswood", le respondí. "¡Un predicador en nuestro jardín!", exclamó ella. "Pase adelante". Yo le pedí que sostuviera al perro porque parecía bravo. Ella me dijo que ya estando dentro de la propiedad, yo estaría bien y el perro no me molestaría.

Habiendo entrado, ella me llevó a la cocina, donde había un grupo de hombres y mujeres sentados alrededor de la mesa. Había una niebla de humo en el aire, y en seguida me di cuenta de que estaba en un lugar muy peligroso. Ella me miró y preguntó: "¿Quieres una cerveza?" Dije: "No, gracias." Ella respondió: "¿Crees que eres mejor que nosotros?" Yo quería retractarme de las palabras que solté después, pero ya que las dije, no había marcha atrás. Le dije: "La Biblia dice que ningún borracho entrará en el reino de los cielos." No puedo creer que dije eso. Entonces, ella preguntó: "¿Te gustaría un vaso de leche?" "Sí, gracias", le contesté.

Luego me invitaron a sentarme a la mesa. El hombre a mi lado me compartió que había estado orando a Dios que enviara a alguien que le hablara de Jesús. Él le dijo al grupo: "Si alguien aquí no quiere oír lo que este hombre tiene que decir, puede retirarse de la mesa." De inmediato, tres personas se levantaron de la mesa. Quedaron solo el hombre a mi lado, su novia, y otro caballero de gafas oscuras al lado opuesto de la mesa, fumando un cigarro.

Durante las siguientes dos horas yo compartí mucho sobre Jesús y la salvación. El hombre, a quien llamaré Jaime, tenía muchas preguntas. Hablamos sobre Jesús y la Biblia, el cielo y el infierno, y muchas cosas más. Al final de las dos horas yo le pregunté si quería recibir a Jesús en su corazón, y respondió: "No, pero usted puede regresar." Entonces le dije: "Cuando vuelva, me mantendré lejos de la puerta y gritaré su nombre para que usted pueda sostener a su perro."

Pasé las siguientes siete semanas compartiendo el evangelio con Jaime por dos horas en cada visita. Al final de cada una yo le preguntaba: "¿Quieres aceptar a Jesús en tu corazón?" Y siempre me decía: "No, aún no estoy listo." Y finalmente, al concluir la sétima visita, cuando le pregunté de nuevo si le gustaría aceptar a Jesús en su corazón, él contestó: "Sí." Su novia me estaba dando unas miradas punzantes. Yo sabía que a ella no le gustó lo que yo tenía que decir, pero ese día yo oré con él y aceptó a Cristo como su Señor y Salvador.

Luego de haber aceptado a Jesús en su corazón, él se dirigió a su novia: "Tú sabes que yo soy un hombre muy malo." Y después le dijo que ella podía volver a la casa de su madre. Yo sugerí una iglesia donde él podía asistir en el poblado de Sussex. Él me preguntó: "¿Sabes quién soy?" "No lo sé", le respondí. Me dijo que él era el mayor traficante de drogas del área y que llevaba años sin ganarse la vida honestamente. Yo indagué por qué él siquiera me dejó entrar en su casa. Él contestó: "Realmente no lo sabes, ¿verdad? Cuando tú entraste a nuestra casa, habían ángeles contigo y nosotros podíamos verlos. Tenías un poder que no nos era familiar, pero supimos que teníamos que escucharte." Y pensé en mi interior: "Gracias, Señor, por mantenerme seguro y gracias por enviarme a tus ángeles para guiarme y protegerme."

Luego Jaime me presentó al hombre sentado al lado opuesto de la mesa y me dijo que él era Duke, un proxeneta de Toronto. Yo albergaba la esperanza de tener una oportunidad para guiar a Duke a los pies del Señor, pero tristemente, él tuvo que irse antes de que yo pudiera volver a visitarlo.

Jaime llegó a ser parte de la Iglesia del Ejército de Salvación. Él dejó de traficar drogas y comenzó a servir al Señor. También doy gracias a Dios que la policía no llegó a esa casa mientras yo estaba allí. La mano de Dios estuvo sobre toda esa situación, asegurándose que su voluntad se llevara a cabo.

A menudo, no sabrás hacia dónde te llevará la vida cuando sirves al Señor. Él podría enviarte a lugares peligrosos, pero nunca olvides que cuando Él te envía a un lugar, Él también envía a sus ángeles contigo. Él incluso guiará tu conversación y te dará las palabras apropiadas para decir en el momento justo, lo cual traerá vida y guiará a la gente a Cristo.

"Pues a sus ángeles mandará acerca de ti, que te guarden en todos tus caminos."   — Salmo 91:11

"El ángel de Jehová acampa alrededor de los que lo temen y los defiende."   — Salmo 34:7

Durante mis visitas a la casa de Jaime, yo tuve ángeles acampando alrededor mío. Y Dios hará lo mismo por ti. Quizá nunca sepas que están allí, pero Dios se asegura que estés seguro. Me encanta la parte en el Salmo 91:4, donde dice que estaremos refugiados bajos sus alas y que Él es un escudo alrededor nuestro.

Dios me envió en muchas misiones mientras estaba en la universidad bíblica. Una tal misión fue cuando Él me envió a donde alguien que estaba metido en las artes mágicas. Ella también entregó su vida a Jesucristo y vio a los ángeles que estaban conmigo. Después que aceptó a Jesús, ella también pudo ver a los ángeles protegiéndola. Muchas, muchas veces en la universidad los ángeles intervinieron.

Mientras vivía en Canadá, a menudo dirigí a un equipo de alumnos al centro de la ciudad para contarle a la gente sobre Jesús. Íbamos por las calles y a un centro comercial solo para hablar con la gente. Nos ubicábamos en lugares estratégicos en múltiples bancas donde la gente se sentaba a la par nuestra. Iniciábamos conversaciones con ellos y luego les compartíamos sobre Jesús. Yo dirigí equipos en la ciudad durante cuatro años. Era muy emocionante contarle a la gente acerca de Jesús.

Claro que no todos aceptaban lo que teníamos que decir, pero muchos escucharon y estaban agradecidos por el mensaje que les llevamos.

Estando en la universidad, sentí que el Señor quería que fuera a trabajar con adolescentes en la ciudad. Así que tomé un balón de fútbol y lo llevé a la cancha. Estaba sentado allí, cuando llegaron unos niños y comenzaron a patear el balón conmigo. En poco tiempo había un grupo como de treinta niños. Al grupo le pusimos el nombre: "Juventud en Acción". Durante los meses de invierno, Dios proveyó un lugar en el gimnasio para jugar hockey con ellos. A mitad del juego de hockey, compartíamos devocionales juntos y orábamos. Casi sin darme cuenta, tenía a un grupo de estudiantes de la universidad que se me unieron para ministrar a los jóvenes de la ciudad. Cuando me gradué de la universidad bíblica, el grupo continuó bajo un nuevo liderazgo de la misma universidad. Tuvimos la oportunidad de guiar a muchos alumnos a una relación personal con Jesucristo y pudimos visitar a sus padres en sus hogares.

A veces solo tienes que hacer lo que Dios manda a hacer. No necesitas tener todas las respuestas. Lo único que precisas saber es qué quiere Él que hagas y cómo quiere que lo hagas. A veces la gente no va a entender lo que estás haciendo, y a menudo dirán que no prosperará. Pero cuando la gente lo vea funcionando, querrán acompañarte. Así que, anímate y sigue dando pasos de fe. Tal vez te sientas como Pedro, caminando sobre las aguas, pero recuerda que Jesús está allí si sientes que te estás hundiendo. Extiende tu mano y colócala en la suya, y Él caminará contigo durante todo el trayecto.

He aquí, yo estoy a la puerta
y llamo; si alguno oye mi voz
y abre la puerta, entraré
a él y cenaré con él,
y él conmigo.

~ Apocalipsis 3:20

Capítulo 8

LA INVITACIÓN

¿Sabías que el setenta y cinco por ciento de la gente en Estados Unidos no asiste a ninguna iglesia? Muchos se han decepcionado o han sido lastimados por la iglesia. Otros han visto malos ejemplos de lo que piensan que significa ser cristiano. Mucha gente ha vivido tragedias. Se preguntan dónde está Dios en este mundo y por qué sucedieron las cosas de esa manera. Una de las principales metas de Satanás en la tierra es lograr que la gente desista, no solo de la iglesia, sino también de Jesucristo.

"El ladrón no viene sino para robar, matar y destruir. Yo he venido para que tengan vida, y para que la tengan en abundancia."
— Juan 10:10

La meta de Satanás es lograr que rechaces a Jesús y lo que hizo en la cruz por ti, para poder llevarte al infierno con él cuando mueras.

¿Por qué es tan importante la iglesia? Jesucristo fundó la iglesia y la estableció. Tómese el tiempo para leer el libro de Hechos. La iglesia es la forma que Él eligió para alcanzar a un mundo perdido y moribundo. ¿Es perfecta la iglesia? No, no lo es. Jesús vino a buscar y salvar a los perdidos; no a crear un club santo.

Así que, la iglesia a veces estará desordenada, porque la gente tiene que aprender a caminar con Jesús, lo cual requiere tiempo y esfuerzo.

Estamos viviendo en los últimos tiempos.

"No dejando de congregarnos, como algunos tienen por costumbre, sino exhortándonos; y tanto más, cuanto veis que aquel día se acerca."   *— Hebreos 10:25*

¿De cuál día está hablando Pablo en ese pasaje? El regreso del Señor. Antes que regrese el Señor, vendrán tiempos difíciles sobre la tierra. Así que, como creyentes, nos necesitamos unos a otros para orar, apoyarnos y mucho más. La iglesia es donde uno aprende y crece en su caminar con Jesús.

Mi invitación es meramente a una relación personal con Jesucristo. Él es Dios, quien vino en la carne, siendo el camino, la verdad y la vida.

"Jesús le dijo: Yo soy el camino, la verdad y la vida; nadie viene al Padre sino por mí."   *— Juan 14:6*

"Porque dice: En tiempo aceptable te he oído, y en día de salvación te he socorrido. Ahora es el tiempo aceptable; ahora es el día de salvación."   *— 2 Corintios 6:2*

"He aquí, yo estoy a la puerta y llamo; si alguno oye mi voz y abre la puerta, entraré a él y cenaré con él, y él conmigo."   *— Apocalipsis 3:20*

Jesús te está invitando a aceptarlo hoy en tu corazón como tu Señor y Salvador.

Miremos algunos pasajes de la Escritura para entender lo que significa ser salvo y aceptar a Cristo como tu Señor y Salvador.

"Porque por gracia ustedes han sido salvados mediante la fe; esto no procede de ustedes, sino que es el regalo de Dios, no por obras, para que nadie se jacte."   *— Efesios 2:8-9 (NVI)*

Muchas personas piensan que pueden llegar al cielo solo porque son buenas personas, pero este pasaje dice que no se puede llegar allí simplemente por ser bueno.

"Todos nosotros somos como cosa impura, y todas nuestras obras justas son como trapo de inmundicia. Todos nosotros nos hemos marchitado como hojas, y nuestras iniquidades nos han llevado como el viento." — *Isaías 64:6*

Jesús es Dios, quien vino en la carne para vivir y morir por nosotros. Él fue el sacrificio perfecto que quitó los pecados del mundo. No hay manera en que podamos jamás ser suficientemente buenos para entrar al cielo, pero Él murió y pagó el precio para que podamos tener vida eterna y vivir con Él para siempre.

Para venir a Él, yo debo confesar que soy pecador y creer en mi corazón que Él es el Hijo de Dios y que Él resucitó de entre los muertos para que yo tuviera vida eterna.

"Por cuanto todos han pecado y no alcanzan la gloria de Dios." — *Romanos 3:23*

"Porque la paga del pecado es muerte, pero la dádiva de Dios es vida eterna en Cristo Jesús, Señor nuestro." — *Romanos 6:23*

"Que si confiesas con tu boca a Jesús por Señor, y crees en tu corazón que Dios lo resucitó de entre los muertos, serás salvo." — *Romanos 10:9*

Estos pasajes nos dicen lo que debemos hacer para ser salvos; debemos confesar con nuestra boca y creer en nuestro corazón que Él es quien dijo que es.

Otra llave es que tenemos que arrepentirnos de nuestros pecados y volvernos a Dios.

"Por tanto, arrepiéntanse y conviértanse, para que sus pecados sean borrados, a fin de que tiempos de alivio vengan de la presencia del Señor." — *Hechos 3:19*

El arrepentimiento es darle la espalda a tu pecado y luego volverte hacia Dios, entregando tu vida antigua a cambio de una vida nueva en Cristo.

"De modo que si alguno está en Cristo, nueva criatura es; las cosas viejas pasaron; he aquí todas son hechas nuevas."
— *2 Corintios 5:17*

En el griego, ese pasaje dice: "Lo viejo está pasando y lo nuevo está llegando." Así que es un proceso, lleva tiempo.

Quizá digas: "Pues, no sabes lo que yo he hecho. ¿Podría Dios perdonarme de verdad?" ¡Sí! Jesús dijo: "Para ser perdonados debemos estar dispuestos también a perdonar a quienes nos hayan herido."

"Pero si no perdonáis sus ofensas a los hombres, tampoco vuestro Padre os perdonará vuestras ofensas." — *Mateo 6:15*

Jesús nos perdonó y pagó nuestro precio, de manera que debemos perdonar a otros. No existe pecado que Él no pueda perdonar.

"Venid luego, dice Jehová, y estemos a cuenta: aunque vuestros pecados sean como la grana, como la nieve serán emblanquecidos; aunque sean rojos como el carmesí, vendrán a ser como blanca lana." — *Isaías 1:18*

¿No es asombroso? La sangre de Jesús lava incluso la mancha de nuestro pecado. Y luego Él decide olvidar lo que hemos hecho.

"Porque seré propicio a sus injusticias, y nunca más me acordaré de sus pecados ni de sus maldades." — *Hebreos 8:12*

Cuando Dios perdona, Él olvida, para que cuando estemos de pie delante de Él algún día, no tengamos nada que temer porque su sangre nos ha lavado nuestros pecados.

Entonces, ¿estás listo para una nueva vida en Cristo? ¿Estás listo para hacer la oración del pecador para salvación? Es una libre elección; si vas a orar, es porque quieres hacerlo.

Ora así:
Jesús, yo confieso que soy pecador. Te pido que me perdones de mis pecados y que entres a mi corazón. Yo creo que Tú eres el Hijo de Dios, que Tú moriste en la cruz por mí, y que

resucitaste de entre los muertos para que yo tuviera vida eterna. Yo confieso que Tú eres mi Señor y te pido que me llenes del Espíritu Santo ahora en el nombre de Jesús. ¡Amén!

Si tú acabas de hacer esta oración con sinceridad, ahora eres un Hijo de Dios, y vas camino al cielo. Pero ahora debes aprender a caminar con Jesús y a crecer en tu fe. Si no tienes una buena Biblia, vas a necesitar una. Algunos ejemplos de buenas traducciones de la Biblia en español son La Biblia de Las Américas (LBLA) Reina Valera 1995 (RVR95), Nueva Traducción Viviente (NTV), Nueva Versión Internacional (NVI), Dios Habla Hoy (DHH).

También necesitas ser discipulado, así que tendrás que asistir a una buena iglesia. Busca una iglesia que cree que la Biblia entera es la Palabra de Dios y cree en el ministerio del Espíritu Santo y los dones del Espíritu Santo. Pídele a Jesús que te guíe por medio de su Espíritu Santo a la iglesia correcta, lo cual es un proceso. Si quieres preguntarme sobre iglesias, con toda libertad puedes enviarme un correo a: galekragtbooks@gmail.com.

El hecho de que aceptaste a Jesús no significa que las cosas de repente serán fáciles, pero todo habrá valido la pena. Es mi oración que Jesús te llene con su paz y te acompañe a cada paso de tu caminar.

"Porque yo Jehová soy tu Dios, quien te sostiene de tu mano derecha y te dice: 'No temas, yo te ayudo.'"   — *Isaías 41:13*

*¿Seremos rechazados en algún momento?
La respuesta es: sí.*

*Pero el riesgo de dar ese paso vale
la pena, una vez que experimentes
la obra de Dios, convirtiéndolo
en un momento de Dios.*

~Pastor Gale Kragt

Capítulo 9

LAS DOS MONEDAS

*D*urante la pandemia del Covid-19 la gente vivía en temor, y había confusión por todo el mundo. La gente estaba tensa y muy sensible. Yo fui a una tienda y me paré cerca de alguien, y luego me percaté de que no llevaba puesta mi máscara protectora. Recibí unas miradas interesantes y me hizo sentir que debía distanciarme, tomar lo que necesitaba y regresar a casa.

Un sábado, Dios me tendió una trampa. Yo fui al lavado de autos y quería aspirar mi carro primero. Cuando estaba por terminar, una mujer condujo su auto hasta la máquina de aspirado detrás mío. Allí sucedió lo inesperado. Escuché cuando el Señor me decía: "Ve y dale dos monedas de 25 centavos para que ella pueda aspirar su auto." Al principio titubeé y pensé en varias razones para no hacerlo, como: "Podría enojarse conmigo y creer que estoy loco." Además, ella era de otra cultura y, entonces, ¿qué podría pensar? ¿Cómo iría a reaccionar? Hice a un lado mis temores y di un paso de fe. Ella me miró mientras yo me acerqué y coloqué las dos monedas sobre la máquina de aspirado. Apenas lo hice, el Señor me habló al corazón y me dijo que ella había estado orando por su hijo. Entonces, tomé otro paso de fe y le pregunté: "¿Tienes un hijo?"

Ella respondió: "¡Sí!" Yo le compartí que Dios iba a darle vuelta a las cosas para él. Ella levantó sus manos y dijo: "¡Alabado sea Jesús!" y ahí mismo, frente a la máquina de aspirado, oramos por su hijo. Cuando terminamos de orar, ella me dijo que el día anterior ella había concluido un tiempo de ayuno y oración. Ella tomó las dos monedas y me dijo: "Muchas gracias; esta fue una cita divina."

Yo me pregunté: "¿Por qué un tiempo de gran crisis no puede convertirse en un tiempo de gran oportunidad para ministrar a otros?" Luego recordé las palabras de Jesús en Mateo 7:12: *"Así que, todo lo que quieran que hagan los hombres por ustedes, así también hagan por ellos, porque esto es la Ley y los Profetas."*. Creo que a menudo nos perdemos de cosas extraordinarias que podríamos hacer por otros porque no estamos escuchando. Me alegro que obedecí a Dios y di el paso de fe. A veces puede ser aterrador, pero vale la pena. Nunca sabes lo que va a ocurrir o qué va a hacer Dios con un sencillo acto de bondad mezclado con fe.

Me encanta este ejemplo de un momento de Dios porque me lo pude haber perdido muy fácilmente. En nuestro diario quehacer, debemos estar conscientes de lo que ocurre y lo que Dios nos está diciendo. Muchas veces cuando Dios me habla, no es con una voz audible. Pero es la quieta y suave voz del Espíritu Santo.

Me encanta la historia de Elías en la Biblia, quien fue victorioso sobre cuatrocientos cincuenta profetas de Baal. Cuando Jezabel escuchó eso, ella se puso furiosa y estaba decidida a matar a Elías. Entonces, por temor, Elías corrió a la montaña de Dios porque estaba procurando que Dios le hablara.

"El Señor le ordenó: 'Sal y preséntate ante mí en la montaña, porque estoy a punto de pasar por allí.' Como heraldo del Señor vino un viento recio, tan violento que partió las montañas e hizo añicos las rocas; pero el Señor no estaba en el viento. Después del viento hubo un terremoto, pero el Señor tampoco estaba en el terremoto. Tras el terremoto vino un fuego, pero el Señor tampoco estaba en el fuego. Y después del fuego vino un suave murmullo. Cuando Elías lo oyó, se cubrió el rostro con el manto y, saliendo, se puso a la entrada de la cueva. Entonces oyó una voz que le dijo: '¿Qué haces aquí, Elías?'"
— *1 Reyes 19:11-13*

En esta historia, la voz del Señor no está en las rocas partidas ni en el terremoto, sino en la suave y quieta voz, como un susurro del viento. Muchas veces yo me siento exactamente igual. Cuando Dios habla en un susurro, eso es lo que crea un momento especial de Dios con alguien. Sería tan fácil dejar pasar su voz si yo no estuviera escuchando, y sería muy fácil no dar ese paso de fe por temor.

Han habido momentos cuando no di el paso de fe por temor al rechazo o al fracaso. Pero no debemos dejar que esas cosas nos detengan. ¿Seremos rechazados alguna vez? La respuesta es sí. Pero el riesgo de dar un paso adelante vale la pena cuando hayas visto a Dios convirtiéndolo en un momento especial de Dios.

Una mañana al conducir hacia el trabajo, sentí hambre, así decidí usar la ventanilla de servicio para autos en Burger King, donde pedí un sandwich y una bebida. Me detuve frente al parlante, coloqué mi orden y seguí hasta la ventanilla para pagar. El joven en la ventanilla se veía muy alegre. Le compartí que Dios tenía un asombroso plan para su vida y que era bondadoso con él. Una semana después regresé al mismo lugar. Cuando llegué a la ventanilla, él estaba allí y me preguntó: "¿Tienes más palabras de sabiduría para mí?" Me sorprendió que se acordara de mí. Luego, la semana siguiente me detuve y entré al mismo Burger King y él vino y se sentó a mi mesa. Me compartió cosas acerca de su vida y las situaciones que había atravesado con sus padres. Luego oramos juntos. Cuando me disponía a salir, él me abrazó y me agradeció.

Algo tan sencillo como usar la ventanilla de auto servicio en un restaurante de comida rápida nos brinda una oportunidad en nuestra vida cotidiana para tocar a las personas a quienes Jesús querría que les demos una palabra de ánimo. Recuerda, no estés tan apresurado como para no tener tiempo de ser gentil con la gente. Nuestras palabras pueden tener un impacto significativo en una persona que podría estar sufriendo. Ese muchacho estaba alegre por fuera, pero estaba lidiando con un dolor por dentro.

Dios nos dará oportunidades a todos durante el día para alcanzar a alguien. ¿Los veremos? ¿Les declararemos las palabras que el Señor tiene para que las compartamos con ellos?

Mi punto es este: si nunca das el paso venciendo tu temor, y haces las preguntas que el Señor te pone en el corazón, nunca sabrás lo que te perdiste o lo que Dios deseaba hacer en ese momento. Yo sé que impactó fuertemente la vida de la mujer que mencioné en una historia previa, cuyo brazo fue sanado. Todos fueron testigos de su sanidad porque ocurrió en un lugar público.

Muchas veces los apóstoles sanaban a las personas en público. Y éstas eran oportunidades para compartir de Jesús con la gente que no lo conocía. Así mismo sucede hoy. Hay tanta gente en nuestro mundo que no conoce a Jesús. Creen que es una figura histórica, pero no piensan gran cosa de Él hasta que se manifiesta, sanando a alguien cuando oramos por esa persona. Entonces, puedes compartirles cuán real Él es. Nos preocupamos demasiado por cómo nos vemos o qué dirá la gente.

"Nosotros somos insensatos por causa de Cristo; ustedes son sensatos en Cristo. Nosotros somos débiles; ustedes fuertes. Ustedes son distinguidos, pero nosotros despreciados."
— *1 Corintios 4:10*

Habrán momentos cuando yo pueda parecer un tonto, pero está bien conmigo. Debemos confiar en que podemos escuchar la voz de Dios.

"Mis ovejas oyen mi voz, y yo las conozco, y me siguen."
— *Juan 10:27*

Debemos practicar estar atentos a la voz de Dios, esa voz quieta y suave. Una de las formas que sabrás que estás escuchando de parte de Dios es cuando das el paso de fe y haces preguntas cuando el Señor te revela algo. Así como mi encuentro con la señora en la fila de la caja en Walmart, cuando le pregunté: "¿Necesitas sanidad en tu cuerpo?" Ella respondió: "Sí." Si tú haces ese tipo de preguntas, te ayudará a ganar confianza. Empezarás a darte cuenta cuando estás escuchando la voz de Dios y cuando no. Cualquiera puede perdérsela. Pero si nunca haces preguntas sencillas, nunca sabrás qué tan bien puedes escuchar la voz de Él, y tampoco te darás cuenta de todo lo que te perdiste por no preguntar.

Me gustaría probar este pequeño ejercicio: Anda a una cafetería local, cómprate una bebida, y luego siéntate a una mesa. Conforme la gente entra y sale del local, ponte atento a la quieta y suave voz de Dios, buscando lo que Él te pueda decir sobre alguien que está cerca. Recuerda las preguntas específicas que yo mencioné. Usa una de ellas para abrir la puerta a una conversación. Una pregunta que yo le hago a la gente a menudo es: "¿Necesitas oración?" Si me dicen que sí, les pregunto cómo puedo orar por ellos. En seguida oro por ellos allí mismo donde estamos. Yo he usado la oración muchas veces, como una apertura para que Dios haga cosas asombrosas.

Ya puedo oír los pensamientos de algunos: "Yo no soy bueno para orar." La oración no tiene que ser larga ni compleja. Lo único que se necesita es una oración sencilla del corazón, a favor de la necesidad particular de la persona. Yo creo que muchos creyentes necesitan ejercitarse más en la oración. Puedes reunirte con otro creyente y practica orando por sus necesidades, para que vayas ganando más confianza en esta área.

Los momentos especiales de Dios no son solamente para algunas personas, sino para todos. Dios quiere usar a creyentes comunes y ordinarios para hacer cosas extraordinarias. Vencer tus temores y dudas es un proceso normal que debemos atravesar. Podrás vencer cuando des un paso adelante, saliendo de tu zona de confort, para hacer cosas que te hacen sentir incómodo. Luego, cuando veas el éxito, eso te dará mayor confianza para la próxima vez. Recuerda, todo lo puedes en Cristo, quien te fortalece. Los pequeños pasos de fe pueden traer grandes resultados.

_____

*Es increíble para mí que
Dios nos use a nosotros para tocar
a un mundo perdido y moribundo.*

*Son tantas las veces que Él usa a gente
ordinaria para hacer cosas formidables.*

~Pastor Gale Kragt

_____

Capítulo 10

DE REPENTE

Yo trabajé como capellán de traumas por más de dieciocho años, turnándome entre dos centros de traumatología. Como resultado, tuve muchas experiencias cuando el Señor se apareció de repente y de forma inesperada. Yo compartiré este tipo de situaciones contigo en este capítulo. Se trata de cuando Dios aparece de una manera en que no lo esperabas. ¿Cómo lo manejarás? ¿Qué vas a hacer?

Como capellán, yo solía hacer mis rondas regulares, cubriendo ocho pisos del hospital. Mis primeras visitas eran en las unidades de cuidados intensivos, la de cuidado intensivo neurológico y la de cuidado intensivo cardíaco. Además de visitar esas unidades, yo iba a sus respectivas salas de espera a visitar las familias que tenían seres queridos en el hospital.

Un día, mientras hacía yo mis rondas usuales, visité la sala de espera de cirugía. Una enorme familia católica de Polonia, como de cincuenta personas, estaba reunida en esa sala de espera. Cuando yo pregunté cómo les iba, me contaron que su padre estaba en la unidad de cuidado intensivo cardíaco y no esperaban que sobreviviera. Él tenía un gran daño en el corazón y le quedaba muy poco que aún funcionaba. Lo tenían con un respirador, pero no respondía.

Yo entré en la habitación del hombre y su hija, Karen, estaba parada junto a su cama. Le pregunté cómo estaba ella y me dijo que estaba muy preocupada por su padre. Como era una familia católica, le dije que yo era protestante. Le mostré el aceite de ungir y le pregunté si podía ungir a su padre para recibir sanidad. Ella me dijo que sí, así que unté la punta de mi dedo en el aceite y lo ungí en el nombre del Padre, del Hijo y del Espíritu Santo. Y en vez de colocar mi mano sobre su cabeza, como suelo hacer, yo extendí mi mano y la coloqué sobre su pecho descubierto. Cuando lo hice, Karen puso su mano encima de la mía. De repente, Karen dijo: "Siento el calor que sale de la mano del Pastor Gale." Entonces, los demás miembros de la familia pusieron sus manos sobre las nuestras y también sintieron el calor que salía de mi mano.

De repente, el papá de Karen comenzó a mostrar signos vitales y a mejorar. Empezó a respirar mejor y hasta le retiraron el respirador. De pronto estaba sentado, hablando con todos. La gente estaba realmente asombrada de su recuperación repentina.

Yo no tenía idea de lo que Dios había planeado para mí al día siguiente. Fui a la sala de espera para hablar con la familia de nuevo. Estaban todos sentados en un gran círculo, así que me senté con ellos. Luego pregunté: "¿Necesitan algo?" Karen miró a su hija Shannon y dijo: "Siéntate frente al Pastor Gale para que él pueda orar por ti. Pastor Gale, por favor ore por mi hija, Shannon." La joven tenía unos dieciséis años y su cabello le llegaba a los hombros. Lo que me sorprendió fue que yo no hice nada súper espiritual. Hice una oración sencilla con ella y, de repente Shannon comenzó a gritar. Ella exclamó: "¡Siento como una bola de fuego en mi pecho!" Ella repitió eso varias veces con fuerza. Durante esta experiencia, un guardia de seguridad miró hacia adentro de la habitación y yo me preocupé de que podría estar en problemas. Esta fue una experiencia muy ruidosa. Uno de los familiares vio como Dios estaba sanando a Shannon físicamente, y salió de la habitación corriendo.

Entonces, un familiar exclamó: "¡Miren las manos de ella!" Yo me preguntaba: "¿Habría algo de malo con sus manos?" Ellos me compartieron que sus manos usualmente estaban heladas porque tenía una enfermedad que le cortaba la circulación. Luego alguien más dijo: "Revisemos sus pies." Yo pregunté: "¿Hay algún problema con sus pies?" Me dijeron que sus pies usualmente estaban negros por falta de circulación. Le removieron sus zapatos y sus pies estaban perfectamente normales y color rosa. En ese momento, Shannon perdió su habilidad para sentarse. Cayó al piso allí, en la sala de espera. Yo estaba aliviado que éramos los únicos en ese lugar. Dos hombres grandes trataron de levantarla del piso, pero no pudieron; estaba adherida al piso. Luego dijo: "No puedo mover nada." Pasó una hora antes que pudiera moverse de nuevo. Ella también había sido diagnosticada con Lupus. Pero ese día fue sanada al instante de ambas enfermedades. El médico confirmó estas dos sanidades, ya que ella todavía sigue sana hoy.

El padre de Karen se restauró por completo y fue dado de alta del hospital. Él vivió otros tres meses en casa con su familia y luego falleció. La familia sintió que fue un gran milagro que Dios les diera tres meses más con su padre. Así que me pidieron que oficiara en su funeral.

Estos dos milagros hicieron que esas personas viajaran hasta el hospital para recibir oración y sanidad durante cinco años. Ellos llamaban a mi jefa a pedir permiso para que yo orara por ellos. Un día le pregunté a mi jefa: "¿No podrán conseguir a alguien que esté más cerca para que ore por ellos?" Ella me respondió: "Solo quieren contigo."

Un día mi jefa, una monja del hospital, dijo que había recibido una llamada de una mujer de edad avanzada, que quería venir para recibir sanidad en su rodilla derecha. Recuerdo la noche en que vino a verme. Ella traía una flor y llevaba puesto un soporte en la rodilla, y quería que yo orara por la sanidad de su rodilla. Ella me entregó la flor y sonrió. Yo extendí mi mano y apenas toqué su rodilla, y antes que yo pudiera orar siquiera, la inflamación en su rodilla se fue de inmediato y el soporte cayó al piso. Ella sonrió, me dijo muchas gracias y salió caminando. Yo me quedé sentado allí, aturdido y asombrado de la bondad de Dios.

A lo largo de los siguientes cinco años, yo me aseguraba de dar siempre toda la gloria a Dios por lo que Él estaba haciendo.

Una de las enfermeras vino a mí con una fractura de compresión del veinticinco por ciento en una de sus vértebras. Después de orar, Dios sanó su columna.

Un día recibí una llamada de la estación de enfermeras en el tercer piso, avisándome de una chica de 16 años que había sido operada y estaba con mucho dolor. Los médicos le habían dado todo el medicamento para el dolor que se le permitía recibir, pero seguía sin poder dormir. La enfermera me dijo que yo podía orar por sanidad si la joven estaba dispuesta. Así que entré con la enfermera y el sicólogo. Le expliqué lo que era el aceite de ungir y la joven accedió. Le pedí que recostara su cabeza en la almohada, que cerrara sus ojos y yo oraría por ella. Yo la ungí en el nombre del Padre, del Hijo y del Espíritu Santo. En el preciso instante en que empecé a orar, ella cayó profundamente dormida. La oración le ayudó a relajarse para que los medicamentos le sirvieran. Yo considero esto un maravilloso momento de Dios. Todos los que estaban cerca de la estación de enfermeras estaban asombrados porque ella durmió toda la noche y no presionó el botón de ayuda ni una sola vez.

Te daré una última historia. Yo fui con un amigo, el Pastor David Alderman, al restaurante Big Boy en Plainwell, Michigan. Como él conocía a nuestra mesera, me pidió que orara por su columna porque ella estaba con dolor de espalda. Ella vino a nuestra mesa y estuvo de acuerdo en que yo orara por ella. El dolor se fue de su cuerpo de inmediato. La siguiente vez que la vi, estaba con una gran sonrisa mientras me contaba que el Señor había sanado la escoliosis de su columna. Yo quedé asombrado de la bondad de Dios.

Me encanta cuando estoy en medio de un *de repente* que Dios preparó. Sabes que Dios es asombroso y Él ama a la gente tanto que hará todo lo posible por alcanzar a las personas y traer sanidad a sus vidas. Lo único que necesita es un canal dispuesto que Él pueda usar para desplegar su poder y su grandeza. ¿Y por qué no dejarlo usarte en tu diario caminar por la vida? Te asombrarás de todas las cosas que tendrás en los momentos con Dios y otras personas.

En esos momentos de Dios, debemos recordar que siempre hay un elemento humano; somos las manos y pies de Jesús. Hay muchos ejemplos en la Biblia cuando los discípulos tuvieron que darle la gloria a Dios por la sanidad que acababa de suceder, porque la gente se estaba fijando mucho en ellos. Entonces, cuando tengamos un momento de

Dios con alguien y algo dramático ocurra en su vida, y la persona es sanada y cambiada a través nuestro, debemos siempre parar y darle la gloria a Dios y señalarles a Jesús. Es natural que la gente se enfoque en la persona a quien Dios usó para tocar su vida.

Recuerdo algo que el Señor me enseñó durante mis primeros años de ministerio en el ambiente hospitalario. Yo creo firmemente en la sanidad y me sentí bastante desafiado cuando oro por sanidad, enfermedades y cuerpos quebrantados. Un día Jesús me habló y me dijo: "Recuerda que tú eres solo un conducto. Cuando estás conectado a mí, puede fluir mi poder a través tuyo para tocar la vida de una persona. No tienes que preocuparte por los resultados. Déjame los resultados a mí, señala a la gente hacia mí y dame la gloria." Eso me quitó mucha de la presión que había estado sintiendo. Es como cuando alguien está sujetando tu mano y tú tocas un cable eléctrico; la persona va a sentir el golpe de corriente. Recuerda, Jesús está agarrado de nuestras manos. Así que, cuando oramos por la sanidad de las personas, su poder las toca a través de nosotros. Lo único que tenemos que hacer es relajarnos y dejar que Él haga el trabajo. Pero recuerda el elemento humano: la gente va a tender a enfocarse en ti. Cuando lo hagan, dale la gloria a Jesús y enfócalos en Él. Yo creo que, si no lo hacemos, tendremos que rendirle cuentas a Él algún día.

> *"No a nosotros, Señor, no a nosotros, sino a tu nombre da gloria, por tu misericordia, por tu fidelidad."*   *— Salmo 115:1*

Me parece increíble que Dios siquiera nos utilice para tocar a un mundo perdido y moribundo. Tantas veces Él usa a personas ordinarias para hacer cosas formidables. Entonces, si sientes que solo eres una persona promedio, recuerda que eres alguien a quien Dios puede usar para cosas nuevas y asombrosas.

---

*¡Toda la alabanza y la gloria
sean para Dios!*

*Sin embargo, doy gracias a Dios por el
Pastor Gale porque Dios necesitaba
un elemento humano, y sin el
Pastor Gale, yo no tendría mi
historia para contar.*

~Shannon

Capítulo 11

DE REPENTE, EL RELATO DE SHANNON

Yo conocí al Pastor Gale en 1997.

Mi abuelo estaba en el hospital, debido a múltiples infartos del corazón. Él realmente estaba en su lecho de muerte. El Pastor Gale estaba en la sala de espera hablando con un grupo de personas y mi madre escuchó que hablaban sobre la oración de sanidad. Cuando el Pastor Gale salió de la sala de espera, mi madre lo siguió y le pidió que orara por mi abuelo, su padre. El Pastor Gale accedió y ahí fue cuando comenzó todo.

El Pastor Gale oró por mi abuelo muchas veces. Abuelito estaba en su lecho de muerte, y nuestra familia tenía que tomar una decisión de vida o muerte por él; algo que nadie querría tener que hacer jamás. Bueno, después de varias oraciones más por mi abuelo, le dieron de alta en el hospital y regresó a casa con nosotros por tres meses. Alabado sea Dios y gracias al Señor por su conducto humano, el Pastor Gale.

No recuerdo la fecha exacta, pero durante esa época mi familia había estado sentada en la sala de espera, la cual se había convertido en nuestro 'hogar lejos del hogar' por muchas semanas, cuando el Pastor Gale se apareció allí. Muy al estilo del Pastor Gale, él era alegre e intuitivo. Él entró y solo andaba revisando a las personas, cuando se detuvo frente a nuestro grupo y dijo: "Alguien está con dolor." Recuerdo haberme reído en mi interior, porque seguro que todos en esa sala estaban con dolor. El pastor entonces dijo: "Déjenme aclarar. Alguien aquí está con dolor de hombro." Nadie dijo una palabra. Pero yo estaba pensando: "¡Qué locura! ¿Cómo puede saber él que alguien está con dolor? ¿Cómo podría saber que yo estoy con dolor de hombro?"

Miré alrededor de la sala para ver quién iba a hablar porque de seguro no estaría hablando de mí. Cuando me percaté de que nadie más iba a decir nada, yo alcé mi mano. El pastor preguntó si podía orar por mí y, claro, le dije que sí. Yo nunca rechazaba las oraciones. En 1996 yo había sido diagnosticada con Lupus, Artritis Reumatoide y el Síndrome de Raynaud, y todavía estaba tratando de descifrar todos mis medicamentos. En esa época la artritis me estaba causando mucho dolor. Mi familia inmediata es católica. Mi padre, hermano y hermana son católicos de nacimiento. Mi madre y yo fuimos bautizados cuando yo tenía 7 años de edad. En aquel tiempo, mis abuelos maternos, tíos y tías no eran muy abiertos a las muchas formas en que Dios opera. Así que el Pastor Gale me hizo sentarme en el piso en frente de él para poder orar por mi sanidad. Apenas el pastor comenzó a orar por mí, tuve una sensación inmediata de ardor en mi pecho, que era como fuego. No sé cuánto tiempo había orado por mí ese día, pero fue un sentimiento increíble de sanidad que corría por mi cuerpo. Esta sensación que me quemaba el pecho no se detuvo. Desde ese día en adelante, cada vez que yo hablaba con el pastor, tuve esa sensación como de una bola de fuego en mi pecho. ¿Podría Dios estar usando al Pastor Gale como un conducto para sanarme?

Yo iba al hospital casi cada fin de semana para pasar tiempo con mi abuelito y mi familia. Cada vez que yo iba, buscaba al Pastor Gale. Él había tenido algunas otras sesiones de oración conmigo durante la estadía de mi abuelo en el hospital. Dos de esas sesiones estarán en mi memoria por siempre. Uno de esos días él había orado por mí en la sala de espera, mientras mi familia estaba sentada allí conversando, y cuando él tuvo que salir me dijo que me acostara en el piso y solo absorbiera toda la sanidad de Dios. Así que me acosté allí por unos 10 minutos más y luego traté de levantarme. Sin embargo, yo estaba literalmente pegada al piso. No podía alzar la cabeza… ni siquiera un dedo. Yo estaba atascada. Entonces, le pedí a dos de mis tíos que me levantaran y me colocaran sobre el sillón. ¡Pero no pudieron moverme! Yo solo pesaba 55 kilos y mis tíos eran hombres fuertes. Uno solo debió poder levantarme. ¿Cómo era posible que dos hombres fuertes no fueran capaces de alzarme? Así que ahí estuve acostada como por una hora hasta que mi cuerpo lentamente empezó a soltarse del piso.

La segunda sanidad definitivamente fue la más intensa que tuve. De nuevo, estábamos en el hospital y, esta vez, habíamos ido a una habitación privada cerca de la sala de espera. Estaban: el Pastor Gale, mi mamá y varios miembros de mi familia en ese cuarto. Yo pienso que, para ese momento, ya mis familiares estaban muy interesados en lo que ocurría cuando el pastor oraba por mí. Interesados, pero todavía no 100% seguros si yo solo estaba siendo dramática o qué. Yo sí creo que un par de ellos ya comenzaban a ver a Dios obrando a través del pastor y tocando mi vida. Estábamos todos en este cuarto sentados en círculo. Yo me senté en el piso frente al pastor y mi mamá se sentó a mi lado. Él empezó a orar por mí y a decirme las cosas que Dios le estaba comunicando. Dios le decía al pastor que me hiciera preguntas sobre mi vida; cosas que yo había hecho. Una cosa que recuerdo fue acerca de una lectura de la fortuna que recibí cuando era una adolescente. Había ido a un lugar donde leen tus joyas y te dan un pronóstico de fortuna. El Pastor Gale me dijo: "Dios quiere que te pregunte si has tenido alguna sesión donde te leyeron la fortuna." Yo traté de explicarle al pastor pero no podía hablar. Se me fue la voz. Traté de hablar pero nada; mi madre respondió por mí. Ella le dijo al pastor que a mí nunca me habían leído la fortuna. Lo único que yo podía hacer era mover mi cabeza diciendo que sí, aún sin poder hablar para explicar lo que yo había hecho. Esto continuó así por varios minutos, con diferentes preguntas, o me aseguraban que Dios estaba obrando a través del Pastor Gale para tocar mi corazón. Para dejarme saber que yo estaba perdonada y que debía seguir en pos de la bondad y la luz de Dios.

En algún momento durante esta sanidad, el Pastor Gale me dijo que yo tenía una conexión especial con mi madre, y luego me explicó algunas cosas sobre mi relación con ella. Estos sentimientos y recuerdos no eran, para nada, algo que el Pastor Gale podía haber sabido. Era que

Dios realmente me estaba hablando a mí. En ese momento pude hablar, bueno… a medias. Le dije a mi mamá que yo la amaba. Mientras el pastor oraba por mí, yo comencé a llorar y a repetir las palabras: "te amo, mamá", una y otra vez. Físicamente no podía yo dejar de decir esas palabras. Recuerdo que mi cabeza se inclinó para atrás y no podía enderezarla. Yo estaba mirando hacia el cielo raso, repitiendo esas palabras por varios minutos. Uno de mis tíos no lo soportó más y salió del cuarto. No estoy segura si pensó que yo estaba con dolor o si la escena fue demasiado para él. Esa sesión de oración fue desgastante físicamente para mí. No estoy segura cómo explicar los sentimientos que tuve durante esa sesión de oración. Solo sé que lo que sentí vino de un lugar muy profundo en mi corazón. La tristeza, la alegría, la confusión, el amor y todos los demás sentimientos que yo había estado reteniendo adentro, salieron de mí ese día a través de una mezcla de ruidos fuertes, lágrimas y sonrisas. Fue mucho lo que tuve que procesar, así que solo puedo imaginar lo que pasaba por la cabeza de mi tío.

Las sesiones de oración que tuve con el Pastor Gale cambiaron mi vida. Mi salud ha estado estable ya por unos 17 años. La frecuencia de episodios de Lupus antes de conocer al pastor era de varios por mes, pero ahora rara vez los tengo. Todavía vivo con Lupus, pero se ha estabilizado sin medicamentos. ¡Mi fe se ha fortalecido! Es mucho más fuerte. Primero, vi el milagro que pasó cuando mi abuelo se levantó de su lecho de muerte y vino a casa por tres meses. ¡Él era un milagro funcional que hablaba y caminaba! Pero desde entonces, yo también he experimentado múltiples milagros duraderos en mi propia vida.

Yo sé que al Pastor Gale no le gusta atribuirse el éxito de ninguna de estas sanidades. ¡Toda la alabanza y gloria sean para Dios! Sin embargo, yo doy gracias a Dios por el Pastor Gale, porque Dios necesitaba un elemento humano, y sin el Pastor Gale, yo no tendría mi historia para poder compartirla.

Capítulo 12

MOMENTOS CON JESÚS

Algunos de mis mejores tiempos, en relación con los momentos de Dios, han sido temprano en la mañana, durante mi tiempo personal con Jesús. Mi rutina es levantarme como a las 4:30 o 5:00 a.m. Yo tengo cierta música que me gusta poner, creando el ambiente para la presencia del Señor. Y varios de mis mejores momentos de Dios han sido cuando el Señor se apareció durante mi tiempo de oración y me habló al corazón. También se me ha aparecido el Señor en sueños que me han impactado profundamente a lo largo de mi vida.

Dios creó a Adán y Eva para que tuvieran una comunión ininterrumpida con Él. Ellos vivían en la gloria del cielo. Adán y Eva caminaban con Dios en la frescura de la tarde y Dios compartía con ellos. Estaban arropados en la gloria del cielo, y estaban desnudos, pero no lo sabían. Qué asombroso debió haber sido, hablar con Dios cara a cara como amigo, y vivir en un ambiente y una atmósfera perfecta.

Dios comprendía que cuando creó a Adán y Eva con voluntad propia, ellos pecarían y estarían separados de Dios. Y aquí es donde entra Jesús. Él es Dios, quien vino en la carne y murió por nosotros para que la comunión quebrantada ya no estuviera rota. Más bien, tendríamos acceso al trono del cielo mediante la sangre de Jesús y, una vez más, poder experimentar la gloria de Dios como Adán y Eva en el jardín.

Muchas personas hoy tienen una noción religiosa de Jesús. Él es alguien del cual han leído en las páginas de la Biblia. Pero Jesús quiere más de nosotros que una simple religión. Él quiere una relación continua donde podamos hablarle y que Él nos hable a nosotros a diario. Veamos unos ejemplos de esto en la Biblia.

El primer hombre que veremos es Enoc.

"Caminó, pues, Enoc con Dios y desapareció, porque Dios lo llevó consigo." — Génesis 5:24

Este es un versículo de la Biblia sobre el cual he pensado mucho. Enoc caminó tan íntimamente con Dios, que un día simplemente dio un paso desde su existencia terrenal directamente al cielo, porque Dios se lo llevó. ¡Caramba! ¿Cómo habrá sido eso? Enoc ni siquiera tenía Biblia, pero sí sabía cómo caminar con Dios.

Otro hombre a quien aprecio es Moisés. Él vio a Dios liberar al pueblo de Israel de Egipto. Él vio señales, prodigios y milagros. Después fue al templo a hablar con Dios cara a cara, tal como habla un hombre con su amigo.

"Y hablaba Jehová a Moisés cara a cara, como habla cualquiera a su compañero. Y él volvía al campamento; pero el joven Josué hijo de Nun, su servidor, nunca se apartaba de en medio del tabernáculo." — Éxodo 33:11

Moisés era considerado un amigo de Dios. Luego, un día, Moisés le dijo a Dios: *"Ahora muéstrame tu gloria"* (Éxodo 33:18). Entonces, Moisés no estaba satisfecho con su relación con Dios. Él quería más.

Veamos la historia en Éxodo 33:19-23:

Jehová le respondió: 'Yo haré pasar toda mi bondad delante de tu rostro y pronunciaré el nombre de Jehová delante de ti, pues tengo misericordia del que quiero tener misericordia, y soy clemente con quien quiero ser clemente; pero no podrás ver mi rostro', añadió, 'porque ningún hombre podrá verme y seguir viviendo.' Luego dijo Jehová: 'Aquí hay un lugar junto a mí. Tú estarás sobre la peña, y cuando pase mi gloria, yo te pondré en una hendidura de la peña, y te cubriré con mi mano hasta que haya pasado. Después apartaré mi mano y verás mis espaldas, pero no se verá mi rostro.

Moisés estaba a punto de tener un momento con Dios que cambiaría su vida para siempre. Dios colocó a Moisés en la grieta de la roca y cubrió la roca con su mano. Y habiendo pasado Dios, Él quitó su mano y Moisés vio la espalda de Dios. Muchos escritores creen que lo que Dios le mostró a Moisés fue desde la creación hasta el presente. Esa revelación vino cuando Moisés estaba en la grieta de la roca y experimentó la gloria de Dios.

Solo hay dos ejemplos de cómo Dios quiere una comunión con nosotros. Estos fueron antes que Jesús viniera y muriera por nuestros pecados. Nosotros ahora tenemos mucho mayor acceso a la presencia misma de Dios. ¿Lo anhelas? ¿Pasas tiempo con Él diariamente? ¿Lees su Palabra y clamas a Él? El Señor quiere venir a acompañarte y tener comunión contigo. Yo realmente me he dado cuenta de su deseo de tener comunión con nosotros.

Acérquense a Dios, y él se acercará a ustedes. Limpien sus manos, pecadores y purifiquen su corazón, ustedes de doble ánimo.
— Santiago 4:8

Jesús desea una constante comunión con nosotros, pero a veces nuestro doble ánimo y pecado nos puede impedir tener una relación cercana con Él.

Muchas veces, en horas de la madrugada, Él me da mensajes para mi canal de podcast y mi programa radial. Yo nunca trato de ser super intelectual. Mi meta principal es escuchar lo que Jesús está diciendo y darte sus palabras. Lo mismo me ocurre cuando voy al campo misionero. Yo digo: "Señor, ¿qué me dirías para las personas a quienes voy a visitar?" Y el Señor nunca me ha fallado. Él siempre me ha dado sus palabras y amor para la gente a quien voy a ministrar.

Otra forma en la que Jesús me ha ministrado es mediante sueños.

Aunque lo cierto es que Dios habla de una u otra manera, pero el hombre no lo entiende. Por sueños, en visión nocturna, cuando el sueño cae sobre los hombres, cuando se duermen en el lecho.
— *Job 33:14-15*

¿Alguna vez habrás tenido un sueño y te preguntaste si realmente ocurrió? Ciertos sueños pueden ser tan realistas que te preguntas lo que significan.

Una noche soñé que Jesús vino a visitarme. En mi sueño, Él me llevó a una habitación aparte con una mesa, dos sillas y un reloj en la pared. (Siempre me pregunté por qué Jesús tendría un reloj.) En mi sueño, hablamos de muchas cosas. Hablamos sobre la familia y el ministerio. En aquel tiempo, yo pastoreaba una pequeña iglesia de unas treinta personas en Battle Creek, Michigan. En una parte de mi sueño yo estaba en una celda de la prisión testificándole a alguien, cuando en eso apareció Jesús en la celda con nosotros. Él caminó hacia mí y extendió su mano para que lo colocara mi mano en la suya. Entonces Él me hizo ponerme de pie y empezamos a caminar hacia el fondo de la celda. Había una pared de cemento en nuestro camino, pero cuando llegamos allí, la atravesamos. Yo pregunté: "Señor, ¿por qué me diste esta experiencia?" Y Él me dijo: "Cuando tu mano está en la mía, puedes atravesar cualquier cosa."

Jesús y yo compartimos por un rato en ese sueño. Yo creo que Él estuvo conmigo por cinco horas, porque cuando me desperté, yo vi la hora en mi reloj. Al final de mi sueño, Él me miró y dijo: "¿Te gustaría estar en la TV?" Yo respondí: "Si eso es lo que Tú quieres." Entonces me dijo: "Yo me encargaré de ello." Él me miró, sonrió y salió caminando. Luego desperté y mi cuarto estaba lleno de la presencia del Señor.

Esa mañana yo fui directamente a la iglesia, arribando como a las 7:30 a.m., y vi la luz de la máquina contestadora parpadeando, pues tenía un mensaje. Oprimí el botón para escuchar y una voz de hombre dijo: "Estamos llamando de WTLJ TV 54. Nos gustaría ponerte en la TV." Yo llamé a la estación de TV y le pregunté al hombre allí, qué fue lo que lo impulsó a llamarme. Él me dijo: "Estábamos mirando las Páginas Amarillas y vimos el nombre de tu iglesia." (No teníamos un anuncio grande; era diminuto.) Él dijo que cuando vio el nombre de nuestra iglesia, algo le dijo que nos llamara. Durante los siguientes dos años, yo estuve en un programa de la TV, llamado: "Pregúntale al Pastor." Entonces pensé: "Jesús, realmente fuiste tú." Con razón sonrió cuando salió del sueño. Qué momento de Dios más inolvidable.

Jesús a menudo me habla en sueños y en mi imaginación. Si yo estoy planeando ir o viajar a alguna parte, puede ser que sueñe sobre ello. O si mi agenda dice que seré un conferencista invitado en algún lugar, yo puedo imaginarme haciendo cosas que el Señor quiere que yo haga. Cuando yo seguí lo que el Señor me mostró, experimenté muchos momentos de Dios con la gente. A menudo, su voz es muy suave y tranquila, de manera que tengo que estar muy atento para poder escucharla.

En otra ocasión, cuando Él vino a mí en un sueño, yo estaba en un cuarto mirando hacia afuera por una ventana sin vidrio. Había una montaña en el fondo y parecía como si estuviera yo en un país extranjero. Al estar sentado allí en mi sueño, mirando por la ventana, Jesús metió su cabeza por la ventana y dijo: "Ocúpate hasta que yo venga", y luego desperté. Pensé: "Señor, eso no es justo. ¿Qué quieres decir con que me ocupe hasta que vengas?" Al investigar lo que podría ser el significado, quería decir: "Toma de vuelta el terreno del enemigo y establece el reino de Dios, y edifícalo hasta que Él vuelva." Muchas veces en mis sueños, Jesús no dice mucho, pero lo que dice se me queda grabado.

En el mundo cristiano de hoy, a la gente le gusta tener títulos como apóstol, profeta, evangelista, pastor o maestro. Una noche el Señor vino a mí en un sueño para hablarme de algo que le molestaba. Me dijo: "Mucha gente anda reclamando su título." Eso le molestaba porque estaban construyendo un reino para sí mismos. Cuando Jesús dio esos títulos y dones a los hombres, Él lo hizo para fortalecer y equipar al cuerpo de Cristo y para preparar a su novia para su venida. En mis años previos, un título significaba algo, pero hoy un título no significa nada. Si una persona reclama un título en particular, yo busco el fruto en su vida. Si dice que es apóstol, yo le digo: "Muéstrame tu corazón de padre por el cuerpo de Cristo. ¿Has visto a Jesús? ¿Y estás capacitando a los santos?"

Cuando terminaba mi sueño, Jesús se aseguró de decirme que Él no estaba en contra de esos dones porque Él dio dones a los hombres. Pero yo creo que muchas personas reclaman tener ciertos dones, pero no los tienen. No soy quién para juzgar, pero yo me fijo en el fruto de una persona y si están cumpliendo la función de ese oficio. No se trata de tu título; más bien se trata de la presencia de Jesús en tu vida y de estar en comunión con Él.

La diferencia entre el Antiguo Testamento y el Nuevo Testamento es que el Espíritu Santo vino sobre unos pocos escogidos en el Antiguo Testamento, y Dios se le apareció a los pocos que Él eligió. Pero en el Nuevo Testamento, Dios se hizo carne y vino a la tierra en la persona de Jesucristo y vivió entre nosotros. Él nos mostró el camino al Padre y realizó señales, maravillas y milagros. Él dijo: "Si no creen en mí, por lo menos crean en los milagros que hago." Luego murió por nuestros pecados y, al tercer día, Él resucitó del sepulcro para que tú y yo pudiéramos tener comunión diaria y un compañerismo constante con Dios. Después que resucitó de entre los muertos, Él se apareció a sus discípulos y les dio muchas pruebas convincentes que estaba vivo.

Jesús quiere que tengamos momentos de Dios con Él. En mis primeros años, yo trabajaba en el campo misionero en la escuela Brainerd Indian School, que era un complejo autónomo con un puesto comercial. No necesitábamos mucho del mundo exterior; nos cuidábamos entre nosotros. Cuando había algo que necesitábamos tener, contactábamos a un hombre llamado Ben, quien tenía una gran reputación de ser alguien que sabía orar. Un día, necesitábamos varias cosas y le pedimos a Ben que viniera a orar con nosotros. Ben no era lo que yo esperaba. Él medía como 1,80 metros, su cabello era corto, blanco y puntiagudo, y parecía de unos setenta y cinco años de edad. Él no oraba como todos los demás.

Estábamos todos sentados en un gran círculo con una silla en el centro. Ben se sentó en esa silla y nos sonrió. Cerró sus ojos y apuntó su rostro hacia el cielo. Él dijo: "Dios, necesitamos algunas cosas aquí abajo." Y prosiguió, contándole a Dios sobre todo lo que necesitábamos, y luego dijo: "Amén." No mucho tiempo después, recibimos todo aquello por lo cual él había orado.

Para Ben, Jesús no era una religión, sino una relación. La forma en que habló con Jesús aquel día es como él hablaba con Jesús todos los días, y así es como Dios quiere que seamos; como niños que vienen a Él. Así que te animo a desarrollar el hábito de un tiempo diario cuando puedas sentarte a hablar con Jesús y Él pueda hablarte a ti. Te asombrarás de los momentos de Dios que tendrás regularmente. Jesús te ama y desea ser tu amigo; si lo has aceptado en tu corazón, tú eres su hijo.

---

*Hay también muchas otras cosas
que hizo Jesús, las cuales,
si se escribieran una por una,
pienso que ni aun en el mundo
cabrían los libros que
se habrían de escribir. Amén.*

~ Juan 21:25

Capítulo 13

¿No lo Sabes?

*Y*o pasé más de veinte años ministrando a pacientes en un ambiente de hospital, trabajando entre tres hospitales. Hubo momentos cuando yo vi cosas que sabía que eran de Dios, pero que no necesariamente estaban escritas en la Biblia.

Hay también otras muchas cosas que hizo Jesús, las cuales, si se escribieran una por una, pienso que ni aun en el mundo cabrían los libros que se habrían de escribir. Amén. — Juan 21:25

Ese es un pasaje tremendo sobre el cual meditar. Lo que tenemos en la Biblia es justo lo suficiente para que sepamos quién es Jesús y cuánto nos ama. La Biblia relata algunas de las cosas que Él hizo, pero no todo. Yo desearía que tuviéramos más relatos de la vida y ministerio de Jesús. Yo creo que nos darían una gran perspectiva de su vida y cómo Él ministraba en lo sobrenatural.

Me pregunto lo que significan otros pasajes de la Escritura.

¿No son todos espíritus ministradores, enviados para servicio a favor de los que serán herederos de la salvación? — Hebreos 1:14

Me pregunto cómo sirven los ángeles. ¿Cómo será que nos ministran? A través de la Escritura hay muchos ejemplos de ángeles interactuando con hombres y mujeres. Nos ayudaría el poder tener más detalles de todo lo que hacen los ángeles ministradores.

Entonces el diablo lo dejó y, he aquí, los ángeles vinieron y le servían. — Mateo 4:11

A menudo me he preguntado lo que significa que los ángeles lo atendían. Tantas veces yo he escuchado a los creyentes decir: "Bueno, yo no encuentro eso en la Biblia; no debe ser de Dios." Pero sabemos que no todo lo que Jesús dijo e hizo está escrito; solo lo suficiente y necesario para que tengamos fe, vida y piedad. Claro, necesitamos saber si algo contradice la Escritura, pero hay momentos cuando Dios ministra de diferentes formas de las que hayamos visto, y no significa que no son de Dios.

En una ocasión experimenté un momento de Dios con una chica de dieciséis años en cuidados intensivos. Como capellán del hospital, yo estaba haciendo mis rondas y las enfermeras me notificaron que no esperaban que ella sobreviviera, pero que su mente estaba lúcida y ella entendía todo lo que se le decía. Así que me fui a la unidad de cuidados intensivos. Cuando la joven niña me vio, gestionó con su mano para que yo entrara en su habitación. Me extrañó aquello porque era como si la niña supiera quién soy. Desafortunadamente, ella estaba conectada a un respirador, por lo que no podía hablarme.

Yo me presenté y le dije que era el capellán para ese turno del día. Ella asintió con la cabeza, como si supiera que por eso estaba yo ahí. Le pregunté si era católica y me indicó que sí. Le dije que yo era protestante y que tenía aceite de ungir. Le pregunté: "¿Sabes lo que es el aceite de ungir?" Ella asintió con la cabeza. Le pregunté si estaría bien que yo la ungiera con aceite, y otra vez me indicó que sí. Entonces la ungí con el aceite, oré por ella, leí la Escritura y me fui.

Durante el siguiente mes la visité dos veces cada semana. Luego un día, cuando pasé por la unidad, ella ya no estaba allí. En ese tiempo yo no preguntaba por los resultados. Si yo no volvía a ver a alguien, era porque había muerto o estaba en rehabilitación.

Unos dos meses después estaba yo sentado en mi oficina del hospital, cuando oí que alguien llamaba a mi puerta. Dije: "Entre." Y entró una joven como de unos diecisiete años. Estaba bien vestida y se detuvo allí con una gran sonrisa en su rostro. Me preguntó: "¿Sabes quién soy?" La miré de pies a cabeza porque las personas no se ven perfectamente vestidas cuando están en cuidados intensivos. Luego vi la marca en su cuello donde había estado el respirador. Yo dije: "Tú eres la joven a quien yo ungí con aceite y por quien oré varias veces en la unidad de cuidados intensivos." Me dijo: "Sí, y estoy acá para darte las gracias." Le respondí: "¿Las gracias por qué? Lo único que hice fue orar por ti." Ella dijo: "No lo sabés, ¿verdad?" "¿Qué es lo que no sé?", le pregunté. Entonces me contó como, cuando yo entraba a la unidad de cuidados intensivos, me acompañaba un grupo de ángeles. Me compartió que cuando yo entraba a su cuarto y oraba, que los ángeles empezaban a trabajar sobre su cuerpo. Luego, cuando yo salía, los ángeles se quedaban con ella y continuaban trabajando sobre su cuerpo.

Eso me dejó muy perplejo porque yo nunca antes había escuchado de algo así, pero sabía que fue Dios. Le dije que yo no sabía que los ángeles estuvieron allí conmigo. Ella contestó: "Vine a decirte gracias por todo lo que hiciste." Le respondí: "Olvídate de mí, pero da gloria a Dios y ve a cumplir el llamado suyo para tu vida y vive para Él." Nos dimos un apretón de manos y ella dio media vuelta y se fue. En cuanto a mí, me quedé pensando: "Señor, ¿qué estás tratando de enseñarme?" Cada vez estaba yo más consciente de que no estaba solo y que los ángeles del cielo estaban conmigo. Yo tuve a varios pacientes en el ambiente de hospital que vieron a los ángeles que me acompañaban. Nunca he leído sobre ángeles trabajando sobre el cuerpo de alguien en la Biblia, pero sé que la sanidad de ella fue un milagro de Dios. Al volver ella para darme las gracias, me recordó la historia de los diez leprosos a los que Jesús sanó:

Aconteció que, yendo a Jerusalén, pasaba por Samaria y Galilea. Cuando entró en una aldea, salieron a su encuentro diez hombres leprosos los cuales se pararon de lejos y alzaron la voz diciendo: '¡Jesús, Maestro, ten misericordia de nosotros!' Cuando él los vio, les dijo: 'Vayan, muéstrense a los sacerdotes.' Aconteció que,

*mientras iban, fueron limpiados. Entonces uno de ellos, al ver
que había sido sanado, volvió glorificando a Dios en alta voz. Y
se postró sobre su rostro a los pies de Jesús dándole gracias. Y
este era samaritano. Y respondiendo Jesús dijo: '¿No eran diez
los que fueron limpiados? Y los nueve, ¿dónde están? ¿No hubo
quien volviera y diera gloria a Dios, sino este xtranjero?' Y le dijo:
'Levántate, vete; tu fe te ha salvado.'*   — *Lucas 17:11-19*

Yo creo que el que regresó a agradecerle a Jesús retuvo su sanidad. No sé respecto de los otros nueve. Pero, de la misma manera, yo creo que cuando la joven regresó para agradecerme, eso fue vital para su sanidad y su futuro.

Muchas de las historias de momentos de Dios que he compartido han incluido algo de tristeza. Sin embargo, esta historia resalta en mi experiencia, ya que por causa del largo sufrimiento de esta persona, pude conocer a la joven llamada Janice, que estaba muriendo de cáncer. Este tipo de cáncer estaba consumiendo sus huesos y provocándole mucho dolor. A lo largo de cinco años, ella entró y salió del hospital para recibir diferentes tratamientos. En cierta ocasión, yo estaba hablando con ella, parado al pie de su cama, cuando de repente, en la dimensión espiritual, vi a un ángel vestido con una túnica azul, parado cerca del aparato que sostiene la bolsa del suero. Yo le compartí lo que vi, y luego oramos y yo me fui para mi casa.

Al día siguiente, cuando entré, ella estaba muy emocionada. Me dijo que sintió a alguien tocando su mano a medianoche. Cuando abrió sus ojos, un ángel con túnica azul estaba de pie junto a ella. El ángel la llamó por su nombre y dijo: "Todo va a estar bien." En ese momento su expectativa de vida era de seis meses, pero se recuperó para vivir seis años más y pudo impactar fuertemente la vida de muchas personas. Ella ministró a muchas personas, incluyéndome a mí, en esos seis años. Yo estuve con ella en momentos de gran sufrimiento y sentí la presencia de Dios, cuando entraba a la habitación durante su dolor. Tengo que decir que, para aquellos que han sufrido y han mantenido su fe, ustedes son mis héroes. No siempre entiendo por qué hay gente buena que a veces sufre, pero sé que Dios te ama y que Él está contigo.

En otro caso de hospital, me llamaron al tercer piso. Las enfermeras me contaron que una mujer anciana decía que su cuarto estaba lleno de ángeles. Ellas pensaron que una visita mía le caería bien. Cuando entré a su habitación, pude sentir la presencia del Señor. La mujer me miró y dijo: "¡Vaya, qué grande es ese!" Luego señaló al gran ángel que estaba de pie detrás mío, a quien muchos otros ya habían visto antes. Ella dijo: "Yo quiero a ese." Yo respondí: "Él está conmigo. ¿Por qué lo quieres? Tienes un cuarto lleno de ángeles." Tuvimos una hermosa plática ese día y oramos; ciertamente fue un momento de Dios. Yo sentí la presencia de los ángeles en ese cuarto. Poco tiempo después ella partió para estar con el Señor.

Qué privilegio es estar con gente que conoce al Señor cuando se van a su hogar celestial. A lo largo de mis veintitantos años de ministerio en hospitales, yo he estado con más de cien personas cuando fallecieron, y puedo decir que fue un privilegio estar al lado de cada uno en su momento de mayor necesidad.

Estoy tan contento que los ángeles todavía están en el negocio de ministrarnos hoy. Las historias de ángeles involucrándose con la humanidad se narran a través de toda la Biblia, desde el Génesis hasta el Apocalipsis. Una de mis historias favoritas sobre un ángel es cuando Pedro estaba en prisión.

Al ver que esto había agradado a los judíos, procedió a prender también a Pedro. Eran entonces los días de los Panes sin levadura. Cuando le tomó preso, le puso en la cárcel, entregándole a la custodia de cuatro escuadras de cuatro soldados cada una, con la intención de sacarle al pueblo después de la Pascua. Así que Pedro estaba bajo guardia en la cárcel, pero la iglesia sin cesar hacía oración a Dios por él. Cuando Herodes iba a sacarlo, aquella misma noche Pedro estaba durmiendo entre dos soldados, atado con dos cadenas, y los guardias delante de la puerta vigilaban la cárcel. Y he aquí se presentó un ángel del Señor, y una luz resplandeció en la celda. Despertó a Pedro dándole un golpe en el costado y le dijo: '¡Levántate pronto!' Y las cadenas se le cayeron de las manos. Entonces le dijo el ángel: 'Cíñete y ata tus sandalias.' Y así lo hizo. Luego le dijo: 'Envuélvete en tu manto y sígueme.' Y habiendo salido, le seguía y no comprendía que lo que hacía el ángel era

realidad. Más bien, le parecía que veía una visión. Cuando habían pasado la primera y la segunda guardia, llegaron a la puerta de hierro que daba a la ciudad, la cual se les abrió por sí misma. Cuando habían salido, avanzaron por una calle, y de repente el ángel se apartó de él. Entonces Pedro, al volver en sí, dijo: 'Ahora entiendo realmente que el Señor ha enviado su ángel y me ha librado de la mano de Herodes y de toda la expectación del pueblo judío'. Cuando se dio cuenta de esto, fue a la casa de María, la madre de Juan que tenía por sobrenombre Marcos, donde muchos estaban congregados y orando. Cuando Pedro tocó a la puerta de la entrada, una muchacha llamada Rode salió para responder. Cuando ella reconoció la voz de Pedro, de puro gozo no abrió la puerta, sino que corrió adentro y anunció que Pedro estaba ante la puerta. Ellos le dijeron: '¡Estás loca!' Pero ella insistía en que así era. Entonces ellos decían: '¡Es su ángel!' Mientras tanto, Pedro persistía en tocar; y cuando abrieron, le vieron y se asombraron. Con la mano Pedro les hizo señal de guardar silencio y les contó cómo el Señor le había sacado de la cárcel. Luego dijo: 'Hagan saber esto a Jacobo y a los hermanos.' Y saliendo se fue a otro lugar. Cuando se hizo de día, hubo un alboroto no pequeño entre los soldados sobre qué habría pasado con Pedro. Pero Herodes, como le buscó y no le halló, después de interrogar a los guardias, mandó que los mataran.
— Hechos 12:3-19

Pedro estaba a punto de experimentar el momento de Dios más significativo de su vida. Él había sido arrestado y puesto en la cárcel, y cuatro escuadrones de soldados lo custodiaban. Herodes tenía en mente sacarlo al día siguiente y ejecutarlo. Durante la noche, Pedro se durmió profundamente. Es que antes en su vida, Pedro había tenido una palabra de Jesús, de que él viviría hasta llegar a viejo, por lo cual él podía dormirse en medio de una situación imposible. Él estaba dormido tan profundamente esa noche que, cuando el ángel se le apareció con todo el resplandor de la gloria de Dios, Pedro siguió durmiendo. El ángel tuvo que golpearlo para despertarlo. Pedro pensó que estaba durmiendo, pero estaba teniendo un increíble momento de Dios.

El ángel lo guió fuera de la ciudad y a través del portón que se abrió solo. Al llegar hasta afuera de la ciudad, el ángel desapareció. Y cuando

Pedro recobró su conciencia, se dio cuenta de lo que había sucedido. Así que corrió hasta donde la iglesia estaba reunida orando por él. Cuando llamó a la puerta, ni siquiera creyeron que era él; pensaron que era un ángel. Esa noche, las oraciones de la iglesia primitiva causaron que Dios enviara a un ángel a rescatar a Pedro de las garras de Herodes y una muerte segura.

Dios es bueno. Muchas veces ni estamos conscientes ni sabemos que los ángeles del cielo nos están ayudando.

---

*Muchas veces las personas sienten
que nadie los ama.*

*Pero nosotros estamos conectados a
muchas personas que nos rodean,
así que, cuando algo ocurre,
afecta a todos en nuestro círculo
y más allá.*

Así que tu vida vale porque Dios te ama.

~Pastor Gale Kragt

Capítulo 14

El Poder de la Oración

El tema de la siguiente historia es muy sensible. Quiero hablar un poquito sobre el suicidio antes de compartir una historia de una amiga mía, quien intentó suicidarse y lo que le ocurrió.

Jesús es el Buen Pastor, y si tú has tenido un amigo o un familiar que ha muerto por suicidio, yo creo que Dios trata cada caso en forma individual. Él es el Buen Pastor, y tú sabes que cualquier cosa que Él decida, Él siempre va a ser bueno y justo. Hay muchas razones distintas por las que las personas deciden acabar con sus vidas. La mayoría de los que lo hacen no están en su sano juicio. Pero es terriblemente doloroso para todos los que los rodean. El suicidio deja a muchas personas dolientes en su estela. Y la herida y el dolor persisten por muchos años.

Quizá hayas tenido un hijo o hija, un familiar o amigo que ha muerto por suicidio. Quiero que sepas que mi corazón está contigo. Pido a Dios que traiga sanidad a tu vida y que el Señor esté muy cerca de ti en tu tiempo de angustia.

Cercano está Jehová a los quebrantados de corazón y salva a los contritos de espíritu. — Salmo 34:18

Mi oración es que Dios esté muy cerca de ti y que su presencia te rodee.

No creo que la mayoría de la gente comprende que cuando están pensando acabar con su vida, su vida no se acabará. Dios nos creó para vivir para siempre en el cielo o en el infierno. Así que, cuando una persona muere físicamente, su espíritu y alma siguen viviendo al igual que aquí. Cuando morimos, tendremos que estar de pie delante del Señor y dar cuentas de cómo vivimos nuestras vidas en esta tierra. Cuando morimos, nuestra eternidad está establecida para siempre. Entonces, importa cómo vivimos nuestras vidas aquí. Debemos considerar las ramificaciones de lo que estamos a punto de hacer.

Mi corazón se entristece profundamente cuando oigo acerca de niños que acaban con sus vidas. Jesús nos ama a todos. Pero yo creo que Jesús tiene un lugar especial en el cielo para los niños. Y yo no sé quién leerá esto eventualmente, pero si has tenido pensamientos suicidas, te animo a que busques ayuda profesional y consejería. Tú sí vales la pena. Eres valioso para Dios y tu vida sí importa.

Una tarde fui contactado por una amiga a través de Facebook. Ella tenía una pregunta para mí. Preguntó: "Mi ex-esposo se suicidó hace cinco años. ¿Está en el cielo o en el infierno?" Le dije que no iba a contestar esa pregunta por Facebook, así que le di el número de teléfono de nuestro centro de sanidad, para que ella pudiera venir a hablar de sus inquietudes. Por experiencia, yo sé que si alguien está hablando así, también está considerando el suicidio.

Cierta mañana, mientras entraba en mi carro para ir al trabajo, mi teléfono sonó. La voz del otro lado dijo: "Mi esposa quería que yo te llamara. Ella dice que tú lo entenderás. Ella está en la sala de emergencias ahora mismo, y hay demonios alrededor de su cama. ¿Puedes venir al hospital para orar con nosotros?" Claro que accedí a ir donde ellos. Conforme conducía hacia el hospital, yo sabía que esta era la misma persona que me había contactado semanas atrás por Facebook. También sabía en mi corazón que ella estaba en emergencias porque había intentado acabar con su propia vida. Sabiendo que a ella no le importaría, voy a contar su historia desde el principio, tal como ella me la relató a mí.

Me dijo que se levantó una mañana y decidió que ese sería el día en que acabaría con su vida. Ella escribió una nota suicida, explicando que era cristiana y quería que la gente supiera que ella ahora estaba en el cielo con Jesús y que no se preocuparan por ella. Luego se tomó unas pastillas muy potentes para terminar su vida, y su corazón dejó de latir estando ella en casa. Ella me compartió después, que en el mismo minuto que su corazón se detuvo, ella se halló en el infierno, no en el cielo. Se encontró parada en lo que describió como una baba verde. El ambiente estaba lleno de humo y niebla y olía a azufre. Ella podía oír a los demonios riéndose. Se burlaban: "Ya la tenemos, ya la tenemos." Tenía miedo y pensó que nunca iba a poder salir del infierno. Estaba muy desconcertada por estar en el infierno en vez del cielo.

Cuando fue reanimada en la sala de emergencias del hospital, de repente se encontró siendo sacada del infierno y de vuelta aquí en la tierra, acostada en una cama de hospital. Los demonios rodeaban su cama y ella estaba atemorizada. Entonces le dijo a su marido: "Ve y llama al Pastor Gale."

Mientras me apresuraba hacia el hospital, yo sabía en mi corazón lo que ella había hecho. Llegué al hospital y caminé hasta la sala de emergencias donde estaba ella. Estaba sentada, con la mirada perdida por los efectos de las drogas que había tomado. Tenía una sobredosis de Klonopin y Metadone. Yo la miré y le pregunté: "¿Intentaste suicidarte?" Me respondió: "Sí." Le dije: "Arrepiéntete de tu pecado." Actué con rapidez porque sabía que no tenía mucho tiempo. Inclinamos nuestras cabezas y oramos, mientras ella volvió a dedicar su vida a Jesús. Luego le pregunté: "¿Están esos demonios en el cuarto aún?" Me dijo: "Sí, allí están." Yo oré para que Dios enviara ángeles a echar los demonios del cuarto. Cuando terminamos de orar, ella miró alrededor del cuarto. Le pregunté si los demonios aún estaban ahí. Y me dijo: "No, se fueron. Pero hay tres ángeles en el cuarto." Me dijo que uno medía como 1,85 mts y parecía un hombre muy musculoso con cabello negro y empuñando una espada con joyas en el mango. Estaba de pie por la puerta como si la estuviera custodiando. Los otros ángeles estaban de pie junto a la cama. Ella me dijo que el que estaba detrás mío medía poco más de 2 metros y tenía una corona en forma de arco iris en la cabeza. El otro, también como de 2 metros de alto, estaba del otro lado de la cama. Estaban inclinados sobre la cama y sobre mí. Me contó que brillaban con la luz y gloria del cielo sobre ella.

Debido a las potentes drogas que había consumido, le colocaron un respirador porque su cerebro no le estaba ordenando a su cuerpo que respirara de noche. Tuvieron que dejarle el respirador hasta que los efectos de las drogas hubieran salido de su sistema. Mientras estábamos allí, en la sala de emergencias, el Señor me puso lo siguiente en el corazón: "Si tú la visitas en la UCI cada día y la unges con aceite y oras, e impones tu mano sobre el centro de su cabeza, yo la sanaré." Verás, las drogas que ella ingirió típicamente la hubieran matado o, cuando menos, la hubieran dejado con un daño cerebral.

Ella me compartió que cuando tenía miedo en la noche, un ángel aparecía al lado de su cama y tocaba su brazo y le decía: "Vas a estar bien." Ella no solía ver ángeles, pero por su situación, la dimensión espiritual estaba muy activa; los ángeles y demonios estaban por todas partes. Se estaba librando una batalla por su alma. Y eso es algo más que la gente no entiende hoy: hay una batalla muy activa y esa batalla es por tu alma.

Durante los siguientes cinco días yo la visité. En ese tiempo, yo aún no tenía idea que habían ángeles acompañándome cada vez que yo entraba, pero los mismos tres ángeles de la sala de emergencias entraron conmigo al cuarto de ella cada día. El de cabello negro se quedaba por la puerta con su mano sobre su espada, custodiándola. Los otros, de más de 2 metros, se paraban a ambos lados de la cama. El de la corona como arco iris siempre se paraba detrás mío durante esas visitas cuando yo la ungía y oraba. Sentía mis orejas ardiendo y se me ponían de color rojo brillante. Su esposo me contó que cada vez que yo oraba, sus signos vitales regresaban a los niveles normales y permanecían así por unas cinco horas.

Finalmente, llegó el día cuando pudo respirar por sí sola y le quitaron el respirador. Fue hasta entonces que me compartió que los ángeles estuvieron conmigo cada vez que yo la visitaba. Yo creo que siempre están con nosotros, pero no nos percatamos de ellos. Los médicos estaban muy asombrados de su recuperación; su mente estaba lúcida, ella ingresó a la unidad psiquiátrica por un corto tiempo y luego regresó a casa. La batalla por nuestras almas siempre se está librando. Pero, alabado sea Dios, yo leí el final del libro y nosotros ganamos.

Unos años más tarde, ella falleció de causas naturales. Doy gracias a Dios que le perdonó la vida y tuvo misericordia de ella. Pero mi corazón se aflige por aquellos que no recibieron una segunda oportunidad, y por cada familiar y amigo que tuvo que sufrir la pérdida repentina de un ser querido por el suicidio.

Muchas veces, las personas sienten que nadie los ama. Pero nosotros estamos conectados a muchas personas que nos rodean, así que, cuando algo ocurre, afecta a todos en nuestro círculo y más allá. Así que tu vida vale porque Dios te ama.

En la siguiente sección puedes leer como fue la experiencia del intento de suicidio de ella, para su esposo, en las propias palabras de él:

Empezó cuando mi esposa vino a mí tarde en la noche, acusándome de haberle quitado todos sus medicamentos. Ella tenía una botella vacía en sus manos y se preguntaba dónde estaban. Llamó al 911 para reportar que yo me había llevado sus medicamentos. Una ambulancia apareció y, para mi consternación, me revisó. Yo no me percataba de que ella ya se había tomado todos sus medicamentos y, por los efectos que le produjo, ella no lo recordaba.

El personal de la ambulancia también la revisó a ella y comentó que arrastraba las palabras y que tenía el estómago distendido, pero se fueron sin llevarla al hospital. Me tomó una hora alimentar y dar agua a los animales de la granja, y cuando entré de nuevo a la casa, nuestros tres perros estaban sentados en un semicírculo alrededor de ella, mirando hacia el aire encima de ella. Cuando encendí las luces, estaban muy tenues y la TV estaba con niebla estática en blanco y negro. Ella no respondía, y uno de los perros ladraba sin cesar hacia el aire encima de ella.

Yo llamé la ambulancia de nuevo y la llevaron de inmediato a la sala de emergencias. Una actividad extraña y sobrenatural la siguió al hospital. Las luces de su cuarto eran muy tenues y se encendían y apagaban, y la computadora no funcionaba en su cuarto. Tuvieron que sacar la computadora del cuarto para ingresar su información y registrar su ingreso. Cuando usaban sales aromáticas, se despertaba y hablaba de forma muy coherente por unos minutos, pero luego se desmayaba de nuevo. Le hicieron una prueba de sangre y le dieron el antídoto para el analgésico, pero era el acetaminofén adicional en las pastillas que estaba causando que dejara de respirar. Ya le habían dado el doble del antídoto recomendado para el acetaminofén.

Recordé que alguien de Consultores de Cuidado Espiritual había orado por ella en la iglesia, así que encontré el número en su teléfono y llamé a la persona. Él vino a orar por ella conmigo, y con las sales aromáticas, ella logró decirnos que se había tomado los medicamentos a propósito para acabar con su vida. Nos dio descripciones vívidas de sus experiencias en el infierno. Él le preguntó de nuevo si fue intencional, a lo que respondió que sí.

Ella había recibido salvación anteriormente, y él le pidió de nuevo que se arrepintiera, y la dirigió en una oración. Ella miró hacia el cielo raso y describió a dos ángeles de pie sobre ella. Luego se desmayó de nuevo, y cada vez resultaba más difícil revivirla. La enorme cantidad de acetaminofén estaba deteniendo su respiración. El turno del médico actual había terminado y el nuevo doctor estaba renuente a entubarla. Yo me paré afuera del cuarto, orando mientras la examinaban, y su enfermera convenció al doctor que la entubara. Ahora había que esperar el resultado.

Pasaron varios días antes que ella pudiera respirar por sí sola, y durante ese tiempo su memoria estaba nublada, pero recordaba con gran detalle lo que nos compartió sobre el infierno y los ángeles en la sala de emergencias. Me hizo muy consciente de la batalla espiritual en la que podemos estar envueltos. Fui guiado a leerle el libro de Efesios dos veces al día mientras se recuperaba. Tal como Dios lo planeó, tuvimos un orador invitado en la iglesia y su tema fue la guerra espiritual. Yo conversé con él ampliamente después del servicio. Dios me estaba dando las herramientas para comprender. Ella creía en Jesús, pero no en su gracia. La culpa y la adicción pueden ser emociones fuertes si no recibimos nuestra fuerza de Dios, y más bien caemos en tratar de manejar la vida con nuestras propias fuerzas y obras.

Debemos hacer más que creer en Jesús solamente; debemos recibirlo en nuestros corazones, y así poder recibir la gracia y fortaleza para vivir por Él diariamente. Debemos entender que Dios nos perdona nuestros pecados y nos reviste con su justicia. La fe brinda esperanza y la esperanza produce amor. Ama a los que te rodean incondicionalmente, tal como Dios nos ama a nosotros. Ora por ellos y por ti mismo, pues Él ha vencido al mundo. Usa tu armadura espiritual para que puedas estar firme cuando hayas hecho todo lo que puedas.

Al compartir estos momentos de Dios contigo, se me parte el corazón por todas las personas con las cuales he orado por sus seres queridos o familiares, que fallecieron sin experimentar el momento que deseaban.

~Pastor Gale Kragt

Capítulo 15

TRES ÁNGELES BUENA ONDA

A menudo pienso en lo corta que es la vida. Y lo importante que es tener buenas relaciones con nuestros familiares y otros seres queridos. Alguien que conozcas, del cual crees que vivirá una larga vida, puede enfermar de repente y ser hospitalizado. Esa realidad es por lo que creo que los momentos de Dios son tan importantes. Muchos de los momentos de Dios que yo he experimentado no han ocurrido en privado. Dios ha desplegado su poder y presencia cuando estaba yo con otras personas. Y eso tiene un efecto significativo en cuanto a atraer a la gente hacia Él.

Cuando estudias la vida de Jesús y sus discípulos, a todos los lugares públicos donde fueron, Él les dijo que predicaran el reino de Dios, sanaran a los enfermos y echaran fuera demonios.

Habiendo reunido a los doce, Jesús les dio poder y autoridad para expulsar a todos los demonios y para sanar enfermedades. Entonces los envió a predicar el reino de Dios y a sanar a los enfermos. 'No lleven nada para el camino: ni bastón, ni bolsa, ni pan, ni dinero, ni dos mudas de ropa,' les dijo. 'En cualquier casa que entren, quédense allí hasta que salgan del pueblo. Si no los reciben bien, al salir de ese pueblo, sacúdanse el polvo de los pies como un testimonio contra sus habitantes.' Así que partieron y fueron por todas partes de pueblo en pueblo, predicando el evangelio y sanando a la gente. — *Lucas 9:1-6*

Los que se habían dispersado predicaban la palabra por
dondequiera que iban. Felipe bajó a una ciudad de Samaria y les
anunciaba al Mesías. Al oír a Felipe y ver las señales milagrosas
que realizaba, mucha gente se reunía y todos prestaban atención a
su mensaje. De muchos endemoniados los espíritus malignos salían
dando alaridos, y un gran número de paralíticos y cojos quedaban
sanos. Y aquella ciudad se llenó de alegría. — Hechos 8:4-8

Cuando Jesús y Felipe ministraban, era en público, rodeados de multitudes de personas. Se ve en ambos pasajes que la gente estaba teniendo momentos de Dios cuando Jesús y Felipe ministraban. A todo lugar donde iban, sucedían momentos de Dios que no solo afectaban a una persona, sino a mucha gente. Como un efecto dominó, ellos afectaron a muchas personas.

Cuando yo ministraba en el hospital, vi este efecto muchas veces. En una ocasión me pidieron que subiera a la sala de espera del octavo piso. Había una familia reunida allí, pasando por un momento muy difícil. Un hombre de 23 años estaba muriendo en la unidad de cuidados intensivos. El capellán que habló conmigo al final de su turno me dijo: "Prepare a la familia para enfrentar la muerte. El joven va a morir. Sus riñones e hígado dejaron de funcionar por completo. Probablemente no aguante ni esta noche." El capellán me dio una lista de las personas que yo debía visitar esa noche. Cuando vi el nombre de este joven en la lista, oí que el Señor me dijo: "Él vivirá y no morirá." A menudo, cuando oigo al Señor decir cosas como esa, yo pregunto: "Señor, ¿qué va a pasar?" Dios no nos dice de antemano cómo Él va a hacer las cosas. La Biblia dice que caminamos por fe y no por vista. Así que salí de la oficina del capellán y me fui para el octavo piso.

Los familiares del joven estaban peleando cuando llegué a la sala de espera. Las relaciones estaban tensas por todo lado, y esta era una familia grande. Tenían muchos remordimientos por el pasado, y les preocupaba mucho que el joven no fuera salvo, aunque muchos en esa sala no eran creyentes. Luego, uno de los familiares me dijo: "Yo sé quién eres. Tú eres quien pone manos sobre los enfermos. ¿Puedes poner manos sobre mi hijo y orar por su sanidad?" Al principio yo quería negar que era quien ponía las manos sobre los enfermos, porque ellos estaban esperando un milagro. Pero después recordé que Dios es quien da la sanidad; nosotros solamente somos sus conductos. Así que dije que sí.

Salí de la sala de espera y fui a la unidad de cuidados intensivos para hablar con las enfermeras. Les pedí que me permitieran traer a las quince personas a orar conmigo por el joven. Me dijeron que no les importaba porque ya habían hecho todo lo sabían hacer por este muchacho. La infección en su sangre no disminuía y todos sus órganos se estaban deteniendo. Ellas creían que no viviría toda la noche.

Yo regresé a la sala de espera. Le instruí a todos que dejaran de pelear, y todos me siguieron al cuarto de cuidados intensivos y rodearon la cama. Creyentes e inconversos por igual pusieron sus manos sobre él. Estando yo parado a la cabecera de la cama, saqué mi Biblia y leí un pasaje. Luego saqué mi aceite de ungir y lo ungí. En mi oración, le pedí a los ángeles que lo ministraran. Oré por la sanidad que la familia quería, y creí que Dios lo quería, porque yo había oído su voz. No sé si alguna vez has sentido que te estás arriesgando con Jesús, pero en esta ocasión, yo me sentí así. Cuando estaba orando, no había ninguna indicación de una sanidad. Todos regresamos a la sala de espera como a las 10:00 p.m.

Me fui para mi casa esa noche sin saber si hubo algún cambio en su condición. Volví al hospital al día siguiente y las enfermeras me contaron una historia increíble. Dijeron que esa noche a las 11:00 p.m., los órganos en su cuerpo empezaron a funcionar de nuevo y la infección en su sangre 'misteriosamente' desapareció. Me miraron y dijeron: "Sabemos que no fue por nosotras que ocurrió ese giro; fue por la oración que se ofreció en su habitación." Finalmente, el joven despertó y ellos sugirieron que yo lo visitara. Me dijeron que él podía entender todo, pero como aún estaba con el respirador, no podía hablar.

Al entrar yo al cuarto, me miró. Le dije que yo había estado en su cuarto anoche y había orado por él y pedido que los ángeles lo visitaran. El me hizo señas de querer un bolígrafo y un papel y escribió lo siguiente: "Cuando me saquen este tubo de la boca, déjame contarte sobre los ángeles." Yo regresé a su cuarto dos horas más tarde y me lo compartió.

Él dijo: "Cuando oraste, tres ángeles entraron en mi cuarto. Uno dijo: "Mi nombre es Esperanza." Otro dijo: "Tu misión en la tierra no está completa." Y el último dijo: "Deja de beber, deja de fumar, enderézate y vuela derecho." Yo pensé: "Ese es el ángel más buena onda del cual yo jamás he oído."

Supe, por escuchar a los familiares, que él no era cristiano. Así que le compartí el evangelio y él aceptó a Cristo como su Salvador. Yo alabo a Dios por salvarle la vida a este joven. Estuvo tan cerca de toparse con Jesús y no estaba listo. El cielo y el infierno estaban en juego para este joven. Alabo a Dios que él aceptó a Jesús en su corazón antes que fuera demasiado tarde.

Al compartir estos momentos de Dios contigo, se me parte el corazón a causa de las personas con las que he orado por sus seres queridos o familiares, quienes fallecieron sin experimentar el momento que querían. Luego pienso en los familiares cuyos seres queridos están enfermos y necesitan sanidad, y aquellos que están perdidos y lejos de Dios. Te animo a buscar en la Biblia los pasajes sobre sanidad y empezar a reclamarlos sobre tu vida y las vidas de tus seres queridos. No te rindas. Sigue orando.

Yo sé que muchos familiares tienen seres queridos que son adictos a las drogas y el alcohol y están lejos de Dios.

Los hijos de los justos serán liberados.　　　*— Proverbios 11:21b*

Debemos agarrarnos con firmeza de los pasajes que nos hablan de la salvación de nuestros seres queridos. La Palabra de Dios es verdadera; podemos afirmarnos sobre ella. Así que debemos continuar orando hasta que veamos el rompimiento.

Yo creo que hay ángeles involucrados en todo lo que hacemos. Yo tuve un buen amigo en Hastings, Michigan, quien vivió hasta los 103 años. Su nombre era Burt y era asombroso visitar a ese hombre. Él escribió su primer libro a los 100 años de edad y un segundo libro a los 101 años. En una ocasión yo lo visité cuando estaba en el hospital. Él me dijo que pronto estaría yéndose a su hogar para estar con el Señor.

Cuando le pregunté cómo lo sabía, él me contó que el ángel del Señor vino a visitarlo la noche anterior en la sala de emergencias. El ángel le dijo que pronto se iría a casa para estar con el Señor. Burt falleció seis meses después. Fue un verdadero privilegio haber llegado a conocerlo a lo largo de los años. Durante nuestras visitas, tuvimos muchos momentos de Dios juntos, solo hablando de la bondad de Dios. Burt fue una verdadera bendición para muchas personas.

Yo creo que todo esto y las oportunidades de Dios están a nuestro alrededor cada día. Lo único que tienes que hacer es buscarlas. Pido a Dios que te abra los ojos para ver las oportunidades que están delante de ti diariamente.

*¿Podrás imaginar cómo se sintió
ese hombre al contemplar el cielo
por primera vez, y al haber
comprendido plenamente que el
cielo es un lugar verdadero
donde ahora él vivirá por siempre?*

~Pastor Gale Kragt

Capítulo 16

"Infierno, Sí"

En varios capítulos de este libro he compartido más de un momento de Dios porque las historias son cortas. El hecho de que sean cortas no significa que no sean buenas. Algunas cosas que suceden en un momento, pueden cambiar la eternidad de alguien.

Cuando era yo un pastor joven, mis feligreses a menudo me enviaban en misiones especiales a ganarme a sus seres queridos para el Señor. En una de esas misiones, un amigo mío me contó que a su amigo anciano le habían dado un pronóstico de solo tres meses de vida. Él no era salvo y rara vez asistía a la iglesia. Nunca leía la Biblia y no tenía ningún trasfondo de iglesia. Mi amigo me dijo que el hombre a menudo era tosco con los predicadores, y que yo debería estar preparado para la forma en que iba a reaccionar conmigo cuando lo visitara.

El anciano estaba en el hospital Bronson, en Kalamazoo, Michigan. Yo fui a su cuarto en el hospital, toqué la puerta y entré. Le dije que su amigo me había enviado a hablar con él sobre el Señor. Él me miró y dijo algo que nunca había escuchado a nadie decirme. Dijo: "Yo quiero ir al infierno, no al cielo. Allí es donde van a estar todos mis amigos. Planeo hacer una gran fiesta con ellos en el infierno."

Durante las siguientes dos horas yo le compartí el evangelio. Le conté cuán horrible es el infierno, un lago de fuego donde te estás quemando, pero sin consumirte. Que también es un lu-gar oscuro. Él no iba a visitar a sus amigos ni a hacer fiesta con ellos. Luego compartí mis historias con él, una de las cuales era la del hombre rico y Lázaro.

Había un hombre rico que se vestía con gran esplendor en púrpura y lino de la más alta calidad y vivía rodeado de lujos. Tirado a la puerta de su casa había un hombre pobre llamado Lázaro, quien estaba cubierto de llagas. Mientras Lázaro estaba tendido, deseando comer las sobras de la mesa del hombre rico, los perros venían y le lamían las llagas abiertas. Con el tiempo, el hombre pobre murió y fue llevado por los ángeles para que se sentara junto a Abraham en el banquete celestial. El hombre rico también murió y fue enterrado, y fue al lugar de los muertos. Allí, en medio del tormento, vio a Abraham a lo lejos con Lázaro junto a él. El hombre rico gritó: "¡Padre Abraham, ten piedad! Envíame a Lázaro para que moje la punta de su dedo en agua y refresque mi lengua. Estoy en angustia en estas llamas". Abraham le dijo: "Hijo, recuerda que tuviste todo lo que quisiste durante tu vida, y Lázaro no tuvo nada. Ahora él está aquí recibiendo consuelo y tú estás en angustia. Además, hay un gran abismo que nos separa. Ninguno de nosotros puede cruzar hasta allí, y ninguno de ustedes puede cruzar hasta aquí". Entonces el hombre rico dijo: "Por favor, padre Abraham, al menos envíalo a la casa de mi padre. Tengo cinco hermanos y quiero advertirles que no terminen en este lugar de tormento". Abraham le dijo: "Moisés y los profetas ya les advirtieron. Tus hermanos pueden leer lo que ellos escribieron". El hombre rico respondió: "¡No, padre Abraham! Pero si se les envía a alguien de los muertos ellos se arrepentirán de sus pecados y volverán a Dios". Pero Abraham le dijo: "Si no escuchan a Moisés y a los profetas, no se persuadirán por más que alguno se levantara de los muertos". — *Lucas 16:19-31*

Lo que fuera que yo le compartiera, no lo convenció de aceptar a Jesús. A lo largo de la visita, él seguía diciendo: "Yo quiero ir al infierno." Yo pensé: "Señor, realmente necesito tu ayuda en esto. Necesitamos que intervengas y le reveles que él te necesita." Yo lo visité por dos días. Le compartí un pasaje tras otro de las Escrituras. Sin embargo, después de todo eso, seguía sin convencerse de que debiera aceptar a Cristo. Aún quería irse al infierno. Después le dieron de alta en el hospital y se fue a su casa.

Un par de semanas después, el Señor me dijo: "Anda a su casa hoy." Llamé a su esposa y le conté lo que Dios me había puesto en el corazón. Ella me invitó a pasar a visitarlos, así que me fui en mi auto a Kalamazoo. Continuamos nuestra conversación desde donde había quedado, hablando de que él quería irse al infierno. Luego su esposa se inclinó hacia él, tomó su mano y le dijo: "¿No quieres ir al cielo a estar conmigo?" De repente la casa se llenó de la presencia de Dios. Él miró a su esposa y dijo: "Sí." Yo me sorprendí del giro repentino. Su esposa y yo oramos con él para que recibiera a Jesús como su Señor y Salvador. Qué día tan glorioso fue ese. Alabo a Dios por ese gran giro repentino. Él cambió de estar diciendo: "Infierno, sí" a "Infierno, no."

A la mañana siguiente, a las 2:00 a.m., caminando hacia el baño, él sufrió un infarto de pronto y murió. Él logró entrar al cielo al último minuto.

Así mismo el reino de los cielos se parece a un propietario que salió de madrugada a contratar obreros para su viñedo. Acordó darles la paga de un día de trabajo y los envió a su viñedo. Cerca de las nueve de la mañana, salió y vio a otros que estaban desocupados en la plaza. Les dijo: "Vayan también ustedes a trabajar en mi viñedo, y les pagaré lo que sea justo". Así que fueron. Salió de nuevo a eso del mediodía y a la media tarde, e hizo lo mismo. Alrededor de las cinco de la tarde, salió y encontró a otros más que estaban sin trabajo. Les preguntó: "¿Por qué han estado aquí desocupados todo el día?" "Porque nadie nos ha contratado", contestaron. Él les dijo: "Vayan también ustedes a trabajar en mi viñedo". Al atardecer, el dueño del viñedo le ordenó a su capataz: "Llama a los obreros y págales su jornal, comenzando por los últimos contratados hasta llegar a los primeros". Se presentaron los obreros que habían sido contratados cerca de las cinco de la tarde, y cada uno recibió la paga de un día. Por eso, cuando llegaron los que fueron contratados primero, esperaban que recibirían más. Pero cada uno de ellos recibió también la paga de un día. Al recibirla, comenzaron a murmurar contra el propietario. "Estos que fueron los últimos en ser contratados trabajaron una sola hora", dijeron, "y usted los ha

*tratado como a nosotros que hemos soportado el peso del trabajo
y el calor del día". Pero él le contestó a uno de ellos: "Amigo, no
estoy cometiendo ninguna injusticia contigo. ¿Acaso no aceptaste
trabajar por esa paga? Tómala y vete. Quiero darle al último
obrero contratado lo mismo que te di a ti. ¿Es que no tengo derecho
a hacer lo que quiera con mi dinero? ¿O te da envidia de que yo
sea generoso?" Así que los últimos serán primeros, y los primeros,
últimos.* — Mateo 20:1-16

Este pasaje tiene que ver con la misericordia del Señor. No importa
cuándo lo aceptes como tu Salvador. Todos los que acepten a Jesús
como Salvador podrán ir al cielo. Reciben todos la misma paga o
recompensa. Yo alabo a Dios porque este hombre logró entrar al
último minuto.

Me preguntaba qué asombroso debió ser para ese hombre cuando
los ángeles vinieron a recogerlo. Él nunca había leído su Biblia, nunca
había ido a la iglesia, ni tenía mucho trasfondo cristiano. Me hubiera
encantado ver su mirada mientras los ángeles se lo llevaban al cielo.
¿Qué estaría pensando y cómo se habría sentido cuando se dio cuenta
que la oración sencilla en su casa le dio acceso al cielo? Me pregunto si
se sintió indigno, o si se sintió abrumado. De una cosa sí estoy seguro;
debió haber estado realmente asombrado. Me lo imagino boquiabierto
cuando contempló la belleza del cielo por primera vez. Apocalipsis,
capítulos veintiuno y veintidós tienen descripciones increíbles de lo que
podemos esperar en el cielo.

*Me llevó en el Espíritu a una montaña grande y elevada, y me mostró
la ciudad santa, Jerusalén, que bajaba del cielo, procedente de
Dios. Resplandecía con la gloria de Dios, y su brillo era como el de
una piedra preciosa, semejante a una piedra de jaspe transparente.
Tenía una muralla grande y alta, y doce puertas custodiadas por
doce ángeles, en las que estaban escritos los nombres de las doce
tribus de Israel. Tres puertas daban al este, tres al norte, tres al sur
y tres al oeste. La muralla de la ciudad tenía doce cimientos, en
los que estaban los nombres de los doce apóstoles del Cordero. El
ángel que hablaba conmigo llevaba una caña de oro para medir la
ciudad, sus puertas y su muralla. La ciudad era cuadrada; medía
lo mismo de largo que de ancho. El ángel midió la ciudad con la*

caña, y tenía dos mil doscientos kilómetros: su longitud, su anchura y su altura eran iguales. Midió también la muralla, y tenía sesenta y cinco metros, según las medidas humanas que el ángel empleaba. La muralla estaba hecha de jaspe, y la ciudad era de oro puro, semejante a cristal pulido. Los cimientos de la muralla de la ciudad estaban decorados con toda clase de piedras preciosas: el primero con jaspe, el segundo con zafiro, el tercero con ágata, el cuarto con esmeralda, el quinto con ónice, el sexto con rubí, el séptimo con crisólito, el octavo con berilo, el noveno con topacio, el décimo con turquesa, el undécimo con jacinto y el duodécimo con amatista. Las doce puertas eran doce perlas, y cada puerta estaba hecha de una sola perla. La calle principal de la ciudad era de oro puro, como cristal transparente. No vi ningún templo en la ciudad, porque el Señor Dios Todopoderoso y el Cordero son su templo. La ciudad no necesita ni sol ni luna que la alumbren, porque la gloria de Dios la ilumina, y el Cordero es su lumbrera. Las naciones caminarán a la luz de la ciudad, y los reyes de la tierra le entregarán sus espléndidas riquezas. Sus puertas estarán abiertas todo el día, pues allí no habrá noche. Y llevarán a ella todas las riquezas y el honor de las naciones. Nunca entrará en ella nada impuro, ni los idólatras ni los farsantes, sino solo aquellos que tienen su nombre escrito en el libro de la vida, el libro del Cordero. — Apocalipsis 21:10-27

¿Puedes imaginarte cómo se habrá sentido aquel hombre cuando vio el cielo por primera vez, y llegó a entender plenamente que el cielo es un lugar real donde ahora él vivirá para siempre? Oh, cuán feliz debe estar de no haberse ido al infierno, porque allá también hubiera permanecido para siempre.

Yo me he preguntado cómo sería para él haberse encontrado con Jesús por primera vez. Mirar a los ojos a Aquel que murió por sus pecados e hizo posible que el cielo fuera su hogar. Estoy deseando verlo en el cielo y escucharlo contar la historia de cómo fue la experiencia para él.

A Dios sea toda la gloria.

---

*Señales, prodigios y milagros
es lo que debemos esperar.*

*El propósito de las señales,
los prodigios y los milagros es
apuntar hacia Jesús.*

*Todo es para mostrar que Jesús
es quien dijo que era.*

~Pastor Gale Kragt

Capítulo 17

LOS DOS JUGOS DE UVA

*M*uchas de mis experiencias con momentos de Dios no fueron planeadas. Yo creo que hay dos claves para tener un momento de Dios exitoso. La primera es ser sensible a escuchar la voz de Dios. Eso quizá necesite una explicación. Cuando yo cuento que he escuchado la voz de Dios, es más como una impresión en mi espíritu o que siento un impulso para hacer algo. La segunda clave es estar dispuesto a vencer tu temor, a dar un paso de fe y ser obediente a lo que sientas que el Señor te está impulsando a hacer. Necesitamos caminar a diario por la vida de tal manera que seamos sensibles a su voz suave y apacible, o a los impulsos más leves del Espíritu. La obediencia y los pasos de fe deben llegar a ser como algo automático para nosotros conforme caminamos con el Señor.

Un impedimento en la iglesia de los Estados Unidos hoy en día es la creencia que Dios ya no nos habla; que todo lo que necesitamos lo tenemos en la Biblia. Pero Dios sí habla todavía con su pueblo hoy. Sí, todo necesita alinearse con la Palabra de Dios. Pero el Señor quiere que su pueblo sea sus manos y sus pies, y que le ayude a un mundo perdido y moribundo.

Una noche, ya tarde, iba yo conduciendo hacia mi casa desde Holland, Michigan. Mientras conducía por la autopista M-40, sentí que el Espíritu Santo me impulsaba a comprar dos jugos de uva en la parada de camioneros. Mi primer pensamiento para el Señor fue: "No estoy sediento. ¿Por qué quieres que los compre?" No hubo respuesta del Señor, pero Él continuaba impulsándome a comprar dos jugos de uva. Así que me detuve en la parada de camioneros, entré a la tienda y los compré.

Al seguir mi camino hacia Hamilton, pensé que era una solicitud extraña de parte del Señor. Era muy tarde en la noche y llovía con fuerza. Al conducir un poco más sobre la M-40 y luego virar sobre un camino lateral hacia mi casa, mis focos brillaron sobre una joven pareja que caminaba al lado de la carretera bajo la lluvia. Mi primera impresión fue que la mujer lucía ebria. Parecía que el hombre a su lado tenía que sostenerla derecha. Entonces oí que el Señor dijo a mi corazón: "Recógelos." Mi primera reacción fue: "No, Señor, es muy tarde en la noche y no sé quienes son. Además, parece que están ebrios." Al pasar con mi auto al lado de ellos, oí al Señor de nuevo decir: "Recógelos." El Señor me habló al respecto tres veces.

Finalmente, me devolví hacia ellos y les pregunté si querían un aventón. Estaban muy agradecidos de recibirlo. Subieron al asiento trasero de mi lindo Camaro, empapados, mojando todo el asiento trasero de mi carro. El hombre todavía estaba sosteniendo a la mujer, así que les pregunté: "¿Están ustedes bien?" Él me contó que la muchacha sufría de hipoglicemia. Tenía su nivel de azúcar muy bajo y necesitaba azúcar. Yo lo miré y le dije: "El Señor me hizo parar en el descanso de camioneros y comprar dos jugos de uva para ustedes." Él se veía desconcertado. Yo abrí el compartimento al lado de mi asiento y saqué dos jugos de uva bien fríos. Él se los dio a su amiga y ella se los bebió de inmediato. El jugo de uva la hizo recuperarse del bajonazo de azúcar en la sangre.

Les pregunté dónde vivían. Me dijeron que a unos veinticuatro kilómetros de donde estábamos. Él me dijo que el carro de ella se les descompuso. Yo les dije que los iba a llevar hasta su casa y ellos ofrecieron pagarme. Yo no lo acepté. Mientras conducía, el muchacho me miró y preguntó: "¿Eres un ángel?" "Pues, no. Los ángeles no andan conduciendo Camaros," le respondí.

Ellos estaban tan agradecidos de llegar a casa a salvo. Al salir del auto me preguntaron otra vez que si yo era un ángel. Les aseguré que no lo era, pero que sí era un siervo del Señor. Los dejé en su casa y me dirigí a la mía. Los momentos de Dios pueden ser realmente asombrosos.

Quiero añadir un descargo de responsabilidad a esta historia. No recomiendo que alguien recoja a cualquier persona al lado de la carretera en horas de la madrugada. Tienes que tener certeza de que escuchaste la voz de Dios. Cuando cosas como esta me suceden, yo a menudo discuto con el Señor porque ciertas cosas que Él me pide que haga me parecen ridículas. Pero al final, cuando yo lo escucho, la recompensa viene de la obediencia. El arriesgarse y tomar un paso de fe para ver lo que Dios hará, es la clave para poder ver las asombrosas maravillas de Dios. Ni siquiera sabrás lo que te has perdido si no obedeces.

Lleva práctica afinar tus oídos espirituales. Yo sugiero que tomes pasos de bebé al principio, pequeños pasos de obediencia. Escucha lo que el Señor tiene que decirte acerca de alguien más. Luego, da un paso de fe y hazle preguntas a la persona para determinar si has oído de parte del Señor correctamente.

Alguien me contó la historia de una jovencita rubia que quería visitar una isla donde vivían los cazadores de cabezas. Mucha gente trató de disuadirla, pero ella aseguró haber oído la voz de Dios. Así que, al día siguiente abordó un helicóptero y la hicieron descender a la isla por medio de una cuerda. Cuando la estaban bajando a la isla, la tribu de cazadores de cabezas la rodeó. Al mirarla, sucedió algo inesperado. Todos se arrodillaron y la honraron, y eventualmente la tribu entera se entregó al Señor. Verás, Dios había preparado el camino delante de ella. La tribu tenía una profecía de que algún día, una jovencita blanca de cabello rubio vendría desde el cielo para hablarles.

Entonces, ella le preguntó a la tribu: "¿Quién es vuestro peor enemigo?" Ellos le contaron que subiendo la montaña había otra tribu de cazadores de cabezas, y le advirtieron que la matarían apenas la vieran. Pero ella insistió en ir a verlos, así que la colocaron en un bote y ella se dirigió río arriba.

Cuando esta otra tribu de cazadores de cabezas la vio que venía subiendo por el río, ellos también la honraron y escucharon lo que ella vino a decirles. Ellos también tenían una profecía, la cual decía que una jovencita blanca de cabello rubio vendría subiendo por el río en un bote para hablarles. El resultado fue que la tribu entera también aceptó al Señor. La clave de toda esta historia es que ella escuchó la voz del Señor y obedeció.

Oí otro relato de un hombre joven que sintió que el Señor quería que él visitara una cierta isla habitada por personas que no apreciaban a los forasteros y no eran amigables. Él fue allí de todos modos. Por desgracia, apenas lo vieron, lo mataron. ¿Escuchó la voz de Dios correctamente? No lo sé. Pero sí sé que habrá una gran recompensa para aquellos que obedecen lo que el Espíritu de Dios está diciendo.

La mayoría de la gente de hoy prefiere vivir en su zona de confort. Cuando Él les pide que salgan de su cajita de confort, se resisten. Yo prefiero vivir en la zona de Dios que en la zona de confort. Si no tomamos riesgos, no veremos las cosas asombrosas que Dios tiene para nosotros. Somos débiles, pero Él es fuerte. Yo creo que está dentro del plan de Dios, que cada uno de nosotros alcance a muchas personas para su reino. La pregunta es: "¿Estamos escuchando?" Pero la pregunta más significativa es: "¿Estamos dispuestos a dar un paso de obediencia cuando sepamos que es la voz de Él?"

Aquella noche cuando conducía hacia mi casa, yo sabía que esos dos jugos de uva tuvieron un impacto significativo sobre esa pareja. Sé que esa fue una experiencia que nunca olvidarán. Hasta el día de hoy, ellos de seguro se preguntarán quién habrá sido ese joven y cómo supo lo que necesitábamos. La respuesta es que Dios siempre sabe lo que necesitamos y sabe cómo hablarle al corazón de otra persona y prepararla para el encuentro con nosotros, para que pueda ayudarnos a suplir nuestras necesidades. Dios preparó a Pedro para el encuentro con Cornelio, que era un gentil.

Vivía en Cesarea un centurión llamado Cornelio, del regimiento conocido como el Italiano. Él y toda su familia eran devotos y temerosos de Dios. Realizaba muchas obras de beneficencia para el pueblo de Israel y oraba a Dios constantemente. Un día, como a las tres de la tarde, tuvo una visión. Vio claramente a un ángel de Dios que se le acercaba y le decía: "¡Cornelio!" "¿Qué quieres, Señor?" le preguntó Cornelio, mirándolo fijamente y con mucho miedo. "Dios ha recibido tus oraciones y tus obras de beneficencia como una ofrenda," le contestó el ángel. "Envía de inmediato a unos hombres a Jope para que hagan venir a un tal Simón, apodado Pedro. Él se hospeda con Simón el curtidor, que tiene su casa junto al mar." Después de que se fue el ángel que le había hablado, Cornelio llamó a dos de sus siervos y a un soldado devoto de los que le servían regularmente. Les explicó todo lo que había sucedido y los envió a Jope. Al día siguiente, mientras ellos iban de camino y se acercaban a la ciudad, Pedro subió a la azotea a orar. Era casi el mediodía. Tuvo hambre y quiso algo de comer. Mientras se lo preparaban, le sobrevino un éxtasis. Vio el cielo abierto y algo parecido a una gran sábana que, suspendida por las cuatro puntas, descendía hacia la tierra. En ella había toda clase de cuadrúpedos, como también reptiles y aves. "Levántate, Pedro; mata y come," le dijo una voz. "¡De ninguna manera, Señor!" replicó Pedro. "Jamás he comido nada impuro o inmundo." Por segunda vez le insistió la voz: "Lo que Dios ha purificado, tú no lo llames impuro." Esto sucedió tres veces, y en seguida la sábana fue recogida al cielo. Pedro no atinaba a explicarse cuál podría ser el significado de la visión. Mientras tanto, los hombres enviados por Cornelio, que estaban preguntando por la casa de Simón, se presentaron a la puerta. Llamando, averiguaron si allí se hospedaba Simón, apodado Pedro. Mientras Pedro seguía reflexionando sobre el significado de la visión, el Espíritu le dijo: "Mira, Simón, tres hombres te buscan. Date prisa, baja y no dudes en ir con ellos, porque yo los he enviado." Pedro bajó y les dijo a los hombres: "Aquí estoy; yo soy el que ustedes buscan. ¿Qué asunto los ha traído por acá?" Ellos le contestaron: "Venimos de parte del centurión Cornelio, un hombre justo y temeroso de Dios, respetado por todo el pueblo judío. Un ángel de Dios le dio instrucciones de invitarlo a usted a su casa para escuchar lo que usted tiene que decirle. Entonces Pedro los invitó a pasar y los hospedó. — Hechos 10:1-23

Dios siempre está obrando tras bambalinas elaborando planes asombrosos para nuestras vidas. Él conoce el fin desde el principio. Así que, cuando Él nos habla sobre hacer cosas, Él también conoce el desenlace de lo que ocurrirá. Lo único que necesitamos es ser obedientes. Dios preparó a Pedro y a Cornelio mediante una visitación angelical y una visión. El resultado de la obediencia de Pedro fue que la casa de Cornelio fue salva y llena del Espíritu Santo. Gracias a Dios que Pedro fue obediente a la visión. Pedro sabía cómo ser guiado por el Espíritu Santo y seguir su dirección, aun cuando pareciera un poco ridículo.

Cuando Dios nos dice que demos un paso de fe, Él ya tiene los detalles en su lugar. Muy a menudo queremos conocer todos los detalles antes de dar el paso de fe. Así no es como trabaja Dios. Él nos da justo lo que necesitamos saber, y luego, cuando hacemos lo que sabemos, Él nos muestra más. Y terminamos caminando hacia una bendición. El Salmo 37:23 dice: *"Los pasos de los justos son ordenados por Dios."* Muchas veces, están ordenados y ni siquiera lo sabemos.

Te animo a que leas tu Biblia. A lo largo de toda la Biblia hay muchos ejemplos de cómo las personas caminaron en obediencia y se hallaron experimentando un momento de Dios. Estudia las Escrituras y las historias de las vidas de las personas, y aprende de ellas. Eso te ayudará a prepararte para tu futuro y lo que Dios quiere que hagas.

Capítulo 18

EL VISITANTE INESPERADO

A menudo, yo he tenido momentos de Dios con visitantes inesperados. Sin importar dónde yo vaya, lo inesperado suele suceder. Siendo un predicador joven, yo viajaba a Cedarville, Michigan para realizar un ministerio de sanidad en una pequeña iglesia. Cada noche hacíamos un llamado al altar para recibir salvación y sanidad. En la última noche de una semana de cultos, la multitud fue la más grande, a causa de las sanidades que habían ocurrido durante los otros servicios.

Durante la penúltima noche de servicios, una visitante inesperada se sentó en la parte trasera de la iglesia, y me insultó al pasar yo caminando a su lado. Alguien me contó que ella era una alta sacerdotisa satánica en esa área. Entonces, mientras yo predicaba y ministraba ese día, ella me insultaba desde la parte trasera de la iglesia, por lo cual tuve que hablar con mucho mayor volumen.

Al día siguiente, uno de los ancianos de la iglesia me preguntó qué haría yo si ella regresaba. Yo le dije que si regresaba, solo la dejara sentarse atrás. Por cierto, cuando entré a la iglesia esa noche, allí estaba ella. Le costó mucho siquiera mirarme. Pero esta vez, cuando pasé caminando a su lado, ella no me insultó.

Mientras yo predicaba, noté que ya no estaba insultando. Lo tomé como una buena señal. Ella empezó a escuchar lo que yo decía y lo que predicaba. De repente, el Señor habló a mi corazón y me dijo que hiciera una invitación al altar de inmediato. Me dijo: "Cuenta la historia de tu abuela cuando vio el cielo, y luego, apenas termines, haz un llamado al altar de treinta segundos." Pensé que eso era muy corto, pero di un paso de obediencia y conté el relato de mi abuela.

Luego les dije que iba a volver la espalda a la congregación y que haría un llamado al altar de treinta segundos. Cuando lo hice, oí pasos que se acercaban al frente. Al darme la vuelta, allí estaba la sacerdotisa parada frente a mí. Me miró desconcertada y preguntó: "¿Cómo llegué hasta acá?" Ella ni recordaba haber caminado hacia el frente; el Espíritu Santo debió haberle ayudado. Yo le dije: "¿Te gustaría aceptar a Jesús en tu corazón?" Me respondió que sí, e hicimos juntos la oración de arrepentimiento.

Yo me fijé en los predicadores sentados en la fila del frente, y las lágrimas les corrían por sus rostros al ver la salvación de ella. Yo la miré y levanté mi mano hacia el cielo y declaré: "Para que conozcas el poder del Dios viviente, en el nombre de Jesús." Y de repente ella se cayó hacia atrás al piso como si la hubiera impactado un relámpago. Nadie la sostuvo. Yo no sabía que esto iba a ocurrir. En algún momento desde que se puso de pie hasta que cayó al piso, cada demonio que había entrado con ella se fue. Ella abrió los ojos, me miró y dijo: "¿Cómo llegué acá abajo?" Tuve que explicarle que el poder de Jesús la había tocado. Se levantó de allí como una mujer libre, como Saulo, cuyo nombre fue cambiado a Pablo después de su conversión, por el toque del Espíritu Santo.

Miré de nuevo a los predicadores en primera fila y dije: "Ahora, esta es una nueva convertida. Ustedes son responsables de discipularla y ayudarle a crecer en su fe." Por varios años después de eso, ella me llamaba de vez en cuando para saludarme. Me contó sobre los ángeles que veía instalados afuera de su casa. Definitivamente era una mujer cambiada. Pasó de servir en el reino de las tinieblas a servir en el reino de Dios. Se enamoró de Jesús. Aquel día en la iglesia, ella tuvo un momento de Dios que le duraría hasta la eternidad.

Una noche durante esas reuniones, yo estaba orando por la gente luego del llamado al altar, cuando me acerqué a cierta mujer. Cada vez que yo oraba por ella, me llegaba una imagen de ella con nueve meses de embarazo. Luego de esperar unos momentos y la imagen permanecía, le pregunté si quería tener un bebé. Entonces oramos y diez meses después, recibí una llamada telefónica; lo imposible había sucedido. Ella quedó encinta y dio a luz a una niña, a la cual llamaron Abigail.

Durante los avivamientos de Cedarville hace años, fuimos testigos de muchas personas que fueron salvas y sanadas, y tuvimos muchos preciosos momentos de Dios en esas ocasiones. El pastor de esa iglesia cuidó de mí de forma excelente y su familia fue muy amable conmigo.

Los visitantes inesperados se volvieron comunes para mí. Un día, mientras trabajaba yo en el hospital, una mujer me buscó y me explicó que el Señor le había dicho que orara por mí. Ella traía un frasquito de aceite de ungir, y me compartió que Dios le dijo que me visitara y me ungiera con aceite para tener un ministerio más notable en el área apostólica. Yo sabía que había sido llamado para algo mayor que el servicio en el hospital y que Dios tenía algo más reservado para mí. Así que ella me ungió con aceite y oró por mí en mi oficina. Ella se convirtió en una amiga por muchos años hasta que falleció y se fue a estar con el Señor en el cielo.

A veces Dios envía a alguien a visitarte con un mensaje para ti. Cuando eso sucede, tienes una elección: puedes escuchar y aceptar el mensaje, o puedes rechazar al mensajero y el mensaje porque vino a ti de una forma que no esperabas.

En la primera iglesia que yo pastoreé en Battle Creek, Michigan, tuvimos muchos visitantes inesperados que asistieron a nuestros servicios. Durante cuatro años, vimos a más de 60 personas hacer compromisos con Cristo. En aquellos días, cuando la gente venía al altar, yo oraba por ellos y les declaraba las palabras que yo oía de parte de Jesús. Años más tarde, una señora me preguntó: "¿Recuerdas que hace años viniste y te paraste cerca del altar, y declaraste esas palabras sobre mí?" Había pasado tanto tiempo que tuve que admitir que no lo recordaba. Ella me contó que tuvo un momento de Dios por las palabras que yo le había pronunciado mientras la estaba ministrando frente al altar ese día.

No rechaces al mensajero por su apariencia. En el libro de Números hay un relato de un burro que le habló a Balaam, el cual iba de camino a pronunciar un mensaje malo sobre los hijos de Israel:

Balaam se levantó muy de mañana, aparejó su asna y se fue con los principales de Moab. Pero el furor de Dios se encendió cuando él iba, y el ángel del SEÑOR se presentó en el camino como un adversario suyo. Balaam iba montado sobre su asna, acompañado de dos de sus criados. Y el asna vio al ángel del SEÑOR, quien estaba de pie en el camino con su espada desenvainada en la mano. El asna se apartó del camino y se fue por un campo. Y Balaam azotó al asna para hacerla volver al camino. Entonces el ángel del SEÑOR se puso de pie en un sendero entre las viñas, el cual tenía una cerca a un lado y otra cerca al otro lado. El asna vio al ángel del SEÑOR y se pegó contra la cerca, presionando la pierna de Balaam contra la cerca. Y este volvió a azotarla. El ángel del SEÑOR pasó más adelante, y se puso de pie en un lugar angosto, donde no había espacio para apartarse a la derecha ni a la izquierda. El asna, al ver al ángel del SEÑOR, se recostó debajo de Balaam. Y este se enojó y azotó al asna con un palo. Entonces el SEÑOR abrió la boca del asna, y esta dijo a Balaam: "¿Qué te he hecho para que me hayas azotado estas tres veces?" Balaam respondió al asna: "¡Porque te burlas de mí! ¡Ojalá tuviera una espada en mi mano! ¡Ahora mismo te mataría!" El asna dijo a Balaam: "¿Acaso no soy yo tu asna? Sobre mí has montado desde que me tienes hasta el día de hoy. ¿Acaso acostumbro hacer esto contigo?" Y él respondió: "No." Entonces el SEÑOR abrió los ojos a Balaam, y él vio al ángel del SEÑOR de pie en el camino, con su espada desenvainada en su mano. Balaam se inclinó y se postró sobre su rostro.
— *Números 22:21-31*

Yo no sé sobre ti, pero sí sé cómo sería conmigo. Si el burro sobre el cual yo voy montado empezara a hablarme, creo que me asustaría. Dios usó ese burro para darle un mensaje al profeta, y el burro le salvó la vida a Balaam porque se detuvo cuando vio al ángel. Pero, cuando el burro se detuvo, Balaam comenzó a azotarlo. El burro fue el mensajero que Dios escogió para llevarle un mensaje a Balaam que al final le salvó la vida.

A menudo no entendemos que un visitante inesperado puede tener un mensaje que nos salvaría de mucho daño y peligro. Así que, no nos apresuremos a desechar a un mensajero solamente por su apariencia o su manera de hablar. Si escuchas, tendrás testimonio en tu espíritu que el mensaje que estás recibiendo es del Señor. Los visitantes inesperados pueden ser una bendición que nos pueden preparar para unos momentos de Dios inesperados.

_____

A veces los momentos de Dios son grandes, y en otras ocasiones son pequeños.

Pero un momento de Dios pequeño puede impactar la vida de una persona de gran manera.

~Pastor Gale Kragt

_____

Capítulo 19

Tiempos y Estaciones

Quiero compartir algunos preciosos momentos de Dios que tuve con mi padre antes de que falleciera en 2013. Pero antes de hacerlo, quiero darte un pequeño trasfondo. Mi papá, Arnold Kragt, fue un hombre muy trabajador. Estaba dedicado por completo a mi mamá, Hilda Kragt, y a cuidarnos como familia. Yo crecí en una finca en Diamond Springs, Michigan. Mi papá tenía un empleo de tiempo completo y era agricultor. Si conoces a alguien así, sabrás lo duro que trabaja. La Biblia dice que honres a tu padre y a tu madre, así que yo quiero honrar a mis padres por todo su arduo trabajo y dedicación al Señor.

Tengo dos hermanos, Calvin y Curtis, y una hermana menor, Sue. No teníamos muchas cosas mientras crecíamos, pero nunca lo hubieras sabido. Siempre hubo bastante comida en la mesa y un hogar cálido y amoroso. Nuestra finca colindaba con el Río Rabbit, donde pescábamos mucho, y teníamos varias hectáreas de bosque detrás de nuestra casa, para poder cazar.

Mi papá rara vez hablaba sobre su fe. Pero una tradición en nuestra casa era que, después de cenar, mi mamá leía las Escrituras y todos nos arrodillábamos en torno a la mesa y orábamos, cada uno haciendo su oración individual. Estoy agradecido por esa tradición. Papá asistía a la iglesia todos los domingos en la mañana, y mi mamá y abuelita guiaban a la familia espiritualmente. Esta información de trasfondo es importante para que puedas seguir las siguientes dos historias.

La primera es sobre los problemas en la parte baja de la espalda de mi padre, siete años antes de fallecer. Él requería un procedimiento donde los médicos le inyectaron una sustancia en su columna para fusionar sus vértebras. La intervención fue exitosa y él salió del hospital y regresó a casa. Una semana después empezó otra vez con dolor de espalda baja. Al pasar los días, el dolor empeoró y tuvo que regresar al hospital.

Yo estaba en la iglesia un miércoles en la noche, cuando recibí una llamada diciendo que mi papá tuvo una radiografía en su espalda, y los médicos recomendaban llevarlo al hospital Spec-trum Health en Grand Rapids. Desafortunadamente, los rayos X mostraban una infección por estafilococo SARM alrededor de su columna vertebral. Cuando recibí esa noticia supe que era algo muy serio. Por mi trabajo como capellán de hospital, yo había aprendido el significado de muchas condiciones de salud.

Estaba lloviendo con fuerza la noche en que fui al hospital, mientras oraba por mi papá. Las escobillas del carro difícilmente lograban despejar el parabrisas. Estacioné el auto en el parqueo del hospital Spectrum Health y me dirigí hacia adentro para ver a mi familia.

Cuando entré al hospital, el doctor salió con una mirada solemne. Mi mamá estaba de pie junto a mi hermano mayor y mi hermana. El doctor dijo que no había nada más que se pudiera hacer por mi padre. La infección por estafilococo era severa, pero como él tenía mucha artritis en su columna, no podían hacerle una cirugía. Luego el cirujano dijo algo que yo he oído a los médicos decir muchas veces: "¿Quieres que mantengamos a tu papá confortable?" En términos sencillos, eso significa que quieren dejarlo morir cómodamente. Algo se apoderó de mí en ese momento y dije: "¡No! ¿Qué puedes hacer para el dolor de columna?" Nos dijo que podían darle a nuestro padre un cóctel de antibióticos. Yo respondí: "Hágalo y yo voy a hacer lo que yo hago." Él me miró desconcertado. Yo le dije: "Vamos a entrar y ungir a mi papá con aceite y orar por sanidad."

En ese momento mi papá estaba con un dolor insoportable. Le habían dado toda la medicina para el dolor que fuera posible; tanta, que estaba delirando. Mi hermano mayor, Calvin, había permanecido junto a su cama día y noche para ayudar a cuidar de él y asegurarse que se quedara en cama. Desafortunadamente, los medicamentos contra el dolor tenían efectos secundarios, y él pensaba que estaba sobre su tractor, trabajando en la finca.

Entonces Calvin, Sue y yo entramos a su cuarto. Parte de lo que estoy a punto de compartir contigo, ni siquiera yo recuerdo haberlo hecho; Calvin me contó la historia después. Yo entré al cuarto de mi papá, me incliné sobre su cama y lo agarré de los hombros. Lo sacudí un poco y le dije: "¡Papá, se supone que no debes morir de esta manera, este no es tu momento de morir!" Cuando salieron esas palabras de mi boca, me pregunté: "¿De dónde me habrá salido eso?" 1 de Crónicas 12:32a declara: *"... de Isacar, doscientos expertos en entender los tiempos, que sabían lo que Israel debía hacer..."* El Señor me dio una gran certeza en mi corazón que Él iba a sanar a mi padre. Calvin dijo: "Eso me da esperanza." Y Sue dijo: "Espero que tengas razón."

Después de haberlo ungido y orado por él, aún estaba con dolor y no había señal visible que algo hubiera ocurrido hasta como las 4:00 a.m. Él miró a mi hermano y le dijo: "Yo puedo ver lo que tú no puedes." Le contó a Calvin que tres ángeles estaban caminando hacia su cama, y cuando se le acercaron, él se desmayó. Después de eso, él estaba completamente libre de dolor y se durmió el resto de la noche.

A la mañana siguiente tuvimos un pequeño problema; el medicamento para el dolor ahora lo estaba drogando. Como no tenía dolor, ya no necesitaba ese medicamento. Así que, cuando la enfermera entró para darle otra dosis, le dijimos que no lo necesitaba.

El médico le hizo un examen de sangre y halló algo extraordinario. La infección había disminuido mucho y estaba saliendo de su cuerpo.

Ellos no lo comprendían. Pero nosotros sí. Sabíamos que Dios había intervenido a favor de nuestro padre y le dimos las gracias por ello.

Un día después, papá nos contó que Jesús se le apareció en un sueño. Cuando papá dijo eso, todos estuvimos muy atentos porque él nunca había dicho nada parecido. Jesús le había dicho a nuestro padre que estaba vivo debido a la oración. Dos semanas más tarde, mi papá regresó a casa del hospital. Damos gracias a Dios que tuvimos más tiempo con él.

Unos siete años después, mi mamá murió de cáncer. Su muerte le partió el corazón a nuestro padre; ella era toda su vida. En el funeral, él dijo: "Yo quiero meterme en el ataúd e irme con el-la." Todos nos miramos y supimos en nuestros corazones que pronto tendríamos otro funeral.

Poco tiempo después de la partida de nuestra madre, mi padre fue diagnosticado con el mismo tipo de cáncer que nuestra madre tuvo. Papá dijo: "Debo haberme contagiado de ella." No mucho tiempo después, él también fue internado en el hospital. Un día el médico entró y empezó a bromear con él. "¡Déjame en paz!", le respondió. "Estoy esperando que venga Jesús." El doctor se retiró del cuarto. Al final de su vida, mi papá habló más del Señor que en toda su vida previa.

Nuestro papá llegó a casa del hospital y estuvo recibiendo cuidados paliativos. Como familia, nos reuníamos alrededor de su cama y orábamos y cantábamos himnos. No crecimos con la música contemporánea; crecimos con los viejos himnos de la fe, que aún hoy aprecio y canto.

Cuando mi papá empeoró mucho de salud, a punto de fallecer, Calvin, Sue y yo estábamos alrededor de su cama. Su corazón había disminuido a dos o tres latidos por minuto, y su respiración re redujo a solo uno o dos respiros por minuto. Su cuerpo estaba rígido y se estaba enfriando. Yo miré a mi hermana y hermano y dije: "Oremos para que Dios se lo lleve a su hogar celestial." Poco sabíamos lo que estaba por ocurrir. Puse mis manos sobre su pecho y todos oramos. No fue una oración de sanidad, sino una oración pidiéndole al Señor que lo dejara irse en paz al cielo.

Cuando terminamos de orar, mi hermana se inclinó y lo besó en la frente. De repente mi papá abrió los ojos. Mi hermana exclamó: "¡Papito!" Al instante su ritmo cardíaco estaba normal y su respiración también. Su cuerpo estaba calientito. Él tenía una mirada en su rostro que parecía decir: "¿Qué están haciendo?" Me pregunto a veces si ya estaba en el cielo cuando oramos y Dios lo trajo de vuelta para estar con nosotros. Si ese fuera el caso, quizá estemos en problemas cuando lleguemos al cielo.

Papá sabía quienes éramos, pero no habló; solo movió la cabeza para contestar preguntas. Todos nos reunimos cerca de su cama durante los siguientes dos días y noches, cantamos himnos y oramos. La presencia de Dios era asombrosa en esos momentos. Qué especiales recuerdos de esos momentos de Dios. Él falleció dos días después, exactamente seis meses después que murió nuestra madre. Doy gracias a Dios que tuvimos esos momentos finales con él. Ahora está en el cielo con nuestra madre, viviendo por la eternidad con aquella a quien amó toda su vida.

Durante ese tiempo Dios me enseñó algo muy valioso acerca de la oración por sanidad. Es vital poder comprender los tiempos y estaciones en la vida de alguien cuando vas a orar por ellos. Si estás seguro que escuchaste de parte de Dios, que la persona tiene que vivir, entonces puedes orar con gran fe y certeza. Pero si no estás seguro, siempre debes orar con gran fe y confianza, pero deja los resultados en manos del Señor.

Tuve un caso similar en el que me pidieron que orara por un caballero en cuidados intensivos en el Hospital Borgess. Yo entré a su cuarto y la familia estaba rodeando su cama. Yo lo ungí con aceite y comencé a orar. En media oración, el Señor me habló y dijo: "No te atrevas a orar por sanidad. Me lo voy a llevar a su hogar celestial." Así que, a media oración, la cambié y solo oré para que la paz de Dios estuviera con él.

Cinco años más tarde, yo estaba firmando libros en el Hospital Borgess, cuando se me acercó una familia y me dijo: "¿Nos recuerdas? Tú oraste por nuestro padre cuando estuvo en cuidados intensivos." Yo respondí: "He orado por tanta gente en el hospital, y aunque me pareces familiar, no recuerdo sus nombres." La señora me habló y me recordó acerca de aquella ocasión alrededor de la cama de su padre. Ella me dijo: "Sabíamos que ibas a orar por sanidad, pero a la mitad de la oración, la cambiaste." Ella me compartió que lo que dije en esa oración hizo que toda su familia se volviera al Señor. Yo estaba asombrado porque ni recordaba lo que había orado. ¡Guau! ¡Qué impacto!

Debemos recordar que conforme ministramos a la gente a diario y caminamos por la vida, nunca sabremos el impacto total de lo que hemos hecho hasta que lleguemos al cielo. Soy un firme creyente en eso. Nunca lo sabrás a menos que la gente regrese a contarte lo que ha sucedido.

Recuerdo haber orado por la hija de una mujer, quien estaba teniendo problemas por una experiencia traumática, lo cual le provocó no querer comer. Ella nos contó luego que la chica estaba comiendo de nuevo, un par de semanas después que oramos. Y no volvió a sufrir por aquella experiencia.

A veces los momentos de Dios son grandes y otras veces son pequeños. Pero un momento de Dios pequeño puede impactar la vida de una persona grandemente.

Trabajando en el hospital, recuerdo a una mujer embarazada que quería que yo orara por ella. Yo oré para que su bebé naciera sano. Nueve años más tarde, conocí al joven y él quería compartir su formidable historia conmigo. Me dijo: "Usted oró por mí cuando yo estaba en el vientre de mi madre." Fue ahí que me di cuenta que me estaba haciendo viejo. Risas. Mi oración impactó la vida de este joven más de lo que yo esperaba.

Las señales y prodigios deben acompañarnos; nosotros no debemos procurarlos. He compartido esto antes, pero lo voy a compartir de nuevo; el Señor me reveló que somos conductos por medio de los cuales fluye su poder. Una vez que el Señor me reveló eso, yo oraba y le dejaba los resultados a Jesús. Yo seguí orando por la gente. Después de cierto tiempo, algunos resultados empezaron a alcanzarme. Yo lo llamó el método de impactar y correr. Oro, me voy, le doy la gloria a Dios y le dejo los resultados a Él.

Ya te habrás dado cuenta que me encanta contar historias. Entonces, aquí te va otra para concluir este capítulo.

Recibí una llamada un día, cuando caía la tarde, de una mujer cuya hija estaba embarazada. Mediante el ultrasonido descubrieron que una de las piernas del bebé estaba deformada. Ella preguntó: "Si yo traigo a mi hija, ¿oraría usted por el bebé?" "Claro", le respondí. Yo sabía que querían la sanidad, así que le pregunté a Jesús: "¿Cómo quieres que ore? En seguida me vino a la mente Deuteronomio 28:4a *"Bendito será el fruto de tu vientre."* Yo pensé: "Yo nunca he orado por alguien sobre eso, pero me sonó bien."

Al día siguiente vinieron la madre y la hija, y yo les compartí el pasaje que Dios me había dado. Les encantó la idea. Entonces, la mamá y la hija pusieron sus manos sobre su vientre, y yo puse mis manos sobre sus manos e hice una sencilla oración, pidiendo que el fruto de su vientre fuera bendecido. Y todos dijimos: "¡Amén!"

Dos semanas después recibí otra llamada de ellas. Me contaron que le habían hecho otro ultrasonido y que, milagrosamente, la pierna del bebé estaba sana y su cuerpecito estaba perfecto. El bebé nació completamente hermoso y perfecto. Lo único que pude decir fue: "¡Alabado sea el Señor!"

Nunca sabemos lo que Dios va a hacer. Conforme seguimos la dirección del Espíritu Santo, Él nos mostrará y nos guiará. Los tiempos y las estaciones, y saber qué hacer, son esenciales. Pon a prueba mi método; solo ora y déjale los resultados a Jesús. Tarde o temprano, los resultados te alcanzarán. La oración es poderosa y puede cambiar las cosas en un instante. Quizá estés leyendo esto y estás embarazada. Pido a Dios que tu bebé sea bendecido. Coloca tu mano sobre tu vientre y declara: *"El fruto de mi vientre es bendecido en el nombre de Jesús."*

Cada vez que termino una historia, pienso en las personas que oraron, pero no recibieron el momento de Dios que estaban esperando. Pido al Señor que te consuele y te rodee con su amor. Oro para que su presencia toque tu corazón y tu vida en el nombre de Jesús.

Capítulo 20

IMPACTADO

La primera iglesia que pastoreé no vino sin sus retos. Yo era un pastor joven y aún no tenía experiencia pastoral. Es increíble darse cuenta que Dios puede usar a gente inmadura para hacer cosas extraordinarias. En esa iglesia teníamos una tradición anual de orar y ayunar por 10 días. Todos ayunábamos y orábamos y luego nos reuníamos alrededor del altar para orar, ungiendo a la gente con aceite e imponiendo manos sobre ellos. Recuerda, esta era una pequeña congregación wesleyana que, en aquel tiempo, no estaba acostumbrada a ver manifestaciones del Espíritu Santo.

Quiero compartir unos eventos que ocurrieron durante los tiempos de oración y ayuno. En una ocasión estábamos orando por alguien y cayó al piso bajo el poder del Espíritu Santo. Una de las mujeres de la iglesia quería llamar una ambulancia. Yo le dije que la persona estaba bien y que la presencia y poder del Espíritu Santo la había tocado. Cuando nunca antes has visto el poder de Dios, la primera vez puede ser una experiencia extraordinaria.

Yo no comprendo el mundo de hoy. La gente va a ver películas de terror y ven cosas aterradoras, pero no se asustan. Pero cuando están presenciando el poder de Dios, eso sí los asusta.

Durante los tiempos de ayuno y oración, pudimos orar por mucha gente. Había una mujer llamada Kay, que tenía una pierna más corta que la otra. La rodeamos, la ungimos con aceite y oramos. Ella cayó al piso bajo el poder del Espíritu. Mientras estaba allí tendida, empezamos a oír chasquidos y crujidos. Nos quedamos allí observando, conforme el Señor sanaba su espalda, y luego su pierna creció hasta la longitud exacta de la otra pierna. Cuando Kay se levantó del piso, Dios la había sanado por completo.

Más tarde, ella me contó que cuando comenzamos a orar, Jesús se le apareció, extendió su mano y le dijo: "Voy a sanarte y no te va a doler." Es lo último que ella recordaba antes de abrir los ojos, estando aún tendida en el piso.

En otra ocasión, yo estaba predicando sobre los milagros de los apóstoles, y en esa época del año no había tormentas en nuestra área. Uno de los miembros de nuestra iglesia estaba en casa mirando el cielo, cuando de repente se formó una tormenta. Se trasladó sobre nuestra iglesia. Yo tenía encendido mi micrófono inalámbrico y estaba de pie en la plataforma. La gente estaba orando de rodillas frente al altar y yo también estaba en un tiempo de oración.

La gente que estaba afuera dijo que de repente un relámpago bajó de entre las nubes e impactó el techo de la iglesia. Yo sé que esto pasó porque la luz me golpeó cuando aún tenía el micrófono conectado. Una bola de fuego se encendió sobre el altar y luego se movió hacia atrás, sobre el tablero de sonido. Una mujer que estaba sentada entre el tablero de sonido y el altar gritó al ver la bola de fuego. La gente que vio el relámpago impactar la iglesia entró corriendo. Pensaron que las ventanas de la iglesia iban a explotar. Pero lo más sorprendente fue que la iglesia no sufrió ningún daño y el tablero de sonido estaba funcionando bien. La gente relataba que el relámpago no parecía realmente un relámpago. Más bien era como un rayo de luz que descendió en forma vertical.

En otro momento, los hombres y yo estábamos arrodillados en el santuario orando y la presencia de Dios era como una cobija. De repente, el santuario se llenó de una luz azul y nadie podía moverse.

Eventualmente, cuando la presencia de Dios se disipó, todos pudimos movernos de nuevo.

Me doy cuenta de que a estas alturas, algo de lo que he estado compartiendo puede molestarle a algunas personas porque no creen que Dios obra así hoy. Siempre hay personas escépticas. Sin embargo, la Biblia dice que Jesucristo es el mismo ayer, hoy y siempre, y que Dios no cambia.

Entonces, como dije antes, creo firmemente que la forma como Dios se movía en el libro de Hechos es como Él quiere que la iglesia sea hoy. Por lo tanto, las señales, prodigios y milagros son para apuntar hacia Jesús. Todo es para mostrar que Jesús es quien dijo que era.

Recuerdo cuando visité a un musulmán en el hospital. No me da temor hablar con gente de otras religiones. Yo creo que Jesucristo es el único camino al cielo, y esa convicción te meterá en muchas discusiones. El musulmán que yo estaba visitando me hizo una simple pregunta: "¿Por qué sigues a Jesús? ¿Por qué eres cristiano?" Le dije que la respuesta realmente es muy simple. "Cuando tomas a todos los líderes de todas las religiones del mundo e incluyes a Jesús en ese grupo, ¿qué es lo que ves diferente?" Él no supo cómo responder a esa pregunta. Le dije que todos esos líderes murieron y están en el sepulcro, pero Jesús aún está vivo.

En Juan 2:19, Jesús dijo: *"Destruyan este templo, y lo levantaré de nuevo en tres días."* En aquellos días, la gente pensaba que Él estaba hablando del templo literal, pero Él hablaba de su cuerpo.

Él también dijo que era Dios en la carne. En Juan 8:58, Él dijo: *"Antes que Abraham fuera, Yo Soy."* Los Fariseos y Saduceos y otros religiosos de los días de Jesús querían apedrearlo porque en realidad, Él estaba diciendo: "Antes que Abraham fuera, Yo soy Jehová." Ellos querían apedrearlo porque estaba declarando ser Dios, pero ellos no se daban cuenta de que justamente era Él.

Yo le dije al musulmán: "La razón que sigo a Jesús es por causa de la resurrección. Él no está muerto. Está vivo. Él dijo que era Dios y lo comprobó al resucitar de entre los muertos." El hombre se veía desconcertado y dijo: "Yo nunca había pensado en eso." Entonces, les pregunté si quería aceptar a Jesús como su salvador, y me dijo que sí. Inclinó su cabeza y aceptó a Jesucristo en su corazón, y se hizo cristiano.

Cuando lees el libro de Hechos, todos los mensajes son acerca de la resurrección de Jesucristo; que Él vino como Dios, y que murió y se levantó de entre los muertos para que pudiéramos tener vida eterna. Por eso, los milagros que ves hoy no son por causa nuestra, sino porque Jesús está vivo y Él es Dios.

Quizá estés pensando que no crees en eso. Está bien. Oro para que Dios te dé revelación sobre quién es Jesús realmente. Verás, esto no se trata de religión, sino de tener una relación personal diaria con Jesucristo. Él nos amó tanto que murió por nosotros para que pudiéramos tener vida eterna.

Me encanta el viejo himno que cantábamos el domingo de Pascua, titulado Él Vive. Voy a dejar este capítulo con la letra de ese maravilloso himno:

Él Vive

Yo sirvo a un Salvador resucitado; Él está en el mundo hoy
Yo sé que Él está vivo, digan lo que digan los hombres
Yo veo su mano de misericordia, oigo su voz de júbilo
Y justo cuando lo necesito, Él siempre está cerca

¡Él vive! ¡Él vive! ¡Cristo Jesús vive hoy!
Él anda conmigo y habla conmigo
Por la senda angosta de la vida
¡Él vive! ¡Él vive! ¡Para impartir la Salvación!
¿Me preguntas cómo sé que vive?
Pues vive en mi corazón

Alrededor de todo el mundo, veo su cuidado amoroso
Y aunque mi corazón se canse nunca me desesperaré
Yo sé que Él me guía en medio de la tormenta
El día de su regreso finalmente vendrá

¡Él vive! ¡Él vive! ¡Cristo Jesús vive hoy!
Él anda conmigo y habla conmigo
Por la senda angosta de la vida
¡Él vive! ¡Él vive! ¡Para impartir la Salvación!
¿Me preguntas cómo sé que vive?
Pues vive en mi corazón

¡Regocíjate, Oh cristiano! ¡Alza tu voz y canta
Aleluyas eternas a Jesucristo, El Rey!
Esperanza de todo el que lo busca, Ayuda que todos hallan
Ningún otro es tan amoroso, tan gentil y bondadoso

¡Él vive! ¡Él vive! ¡Cristo Jesús vive hoy!
Él anda conmigo y habla conmigo
Por la senda angosta de la vida
¡Él vive! ¡Él vive! ¡Para impartir la Salvación!
¿Me preguntas cómo sé que vive?
Pues vive en mi corazón [3]

---

[3] "Él Vive", letra por Alfred Henry Ackley, 1933

Yo creo en el Dios de lo imposible; un Dios que puede hacer cosas increíbles de maneras increíbles.

~Pastor Gale Kragt

Capítulo 21

SANIDADES INUSUALES

ios puede moverse de cualquier forma que Él quiera. Puede sanar a las personas sin que nadie las toque ni esté cerca de ellas siquiera.

De tal manera que hasta llevaban pañuelos o delantales que habían tocado su cuerpo para ponerlos sobre los enfermos, y las enfermedades se iban de ellos, y los espíritus malos salían de ellos.
— Hechos 19:12

Durante la pandemia del Covid-19, tuvimos varios casos donde vimos a personas sanadas luego de haber recibido un "pañuelo de oración ungido" a través del correo. Un caballero estaba en cuidados intensivos cuando le enviamos por correo un pañuelo de oración. Las enfermeras se lo dieron, él se lo colocó sobre su pecho y se recuperó rápidamente. Al igual que con el apóstol Pablo, Dios hizo cosas asombrosas durante esa época.

Hace pocos años, yo auspicié servicios de sanidad para la comunidad local. En el ministerio del altar, una joven tenía una condición que la hacía enfermar terriblemente si comía o bebía alguna cosa que contuviera lácteos. También luchaba con la ansiedad y la depresión. Al empezar a orar por ella, comenzó a temblar bajo el poder de Dios. Yo dije: "¡En el Nombre de Jesús!" y la ansiedad que cargaba se desprendió de ella. Luego oramos por su sanidad.

Una hora después, me llamó y me preguntó: "¿Qué fue lo que me hiciste cuando oraste por mí?" Yo le pregunté: "¿A qué te refieres?" Me dijo que por más de una hora tuvo un sabor metálico por toda su boca. Así que llamé a mi amigo, el Dr. Carlson, y discutimos el asunto. Concluimos que tal vez su cuerpo estaba eliminando toxinas a través de su boca. Le devolví la llamada a ella y le sugerí: "Puede ser que estés siendo curada de una condición que tuviste. Come algo que antes te enfermaba."

Al día siguiente ella bebió su café con crema y no tuvo reacción alguna. Luego se comió unos panecillos con salsa de carne, lo cual típicamente la hacía enfermar. De nuevo, no sufrió ninguna reacción adversa. Hasta el día de hoy, años más tarde, ella puede comer lo que quiera sin sufrir una reacción. Alabado sea el Señor.

A veces limitamos a Dios por nuestra falta de fe. Mientras escribo este capítulo, sé que mucha gente lo leerá, y siento de parte del Señor hacer una oración de sanidad por todos los que lo lean. Creo que, conforme sostengas este libro, Dios liberará su unción de sanidad en tu cuerpo.

En el nombre de Jesús, yo declaro sanidad a tu espíritu, alma y cuerpo. Yo oro ahora mismo por aquellos que sufren de dolor físico, para que ese dolor se vaya en el nombre de Jesús. Pido que sean despachados los ángeles ministradores hacia todos los que estén leyendo esto. Oro para que los ángeles del cielo ministren a cada persona.

Oro por quienes están sufriendo de enfermedades físicas, como la mujer en la Biblia que sufría de un flujo de sangre. Jesús, te pido que liberes una unción desde el borde de tu túnica conforme la gente te busque al leer esto. Te pido que liberes una unción desde las páginas de este libro a sus cuerpos físicos. Oro por la sanidad del cáncer, la diabetes y todas las otras dolencias y enfermedades físicas. Tú moriste por todas ellas. Y te pido, en el Nombre de Jesús, que cualquiera sea el problema físico, Señor, tú lo sanes ahora, en el Nombre de Jesús. Oro para que les des sabiduría a sus médicos y enfermeras para el tratamiento necesario. Pero Señor, tú eres el médico por excelencia y te pido por la sanidad de los que están leyendo esto ahora.

Te pido por los que sufren de un tormento mental y otras condiciones psicológicas. Señor, tú dijiste en tu Palabra, en Isaías 9:6b: "Será llamado Admirable Consejero, Dios Fuerte, Padre Eterno, Príncipe de Paz." Señor, te pido que tu paz inunde la mente de cada persona y los envuelvas como una cobija, en el Nombre de Jesús.

También oro por aquellos que ahorita mismo estén atravesando una tormenta en sus vidas. Señor, tú eres el amo de los vientos y las olas. Tú sabes cómo calmar las situaciones. Te pido que traigas tu paz a cada tormenta. Oro para que le des a cada persona sabiduría inusual, como estrategia para saber qué hacer y qué no hacer en las situaciones más difíciles.

Te pido por los que estén sufriendo por duelo. El Salmo 34:8 declara: "Cercano está Jehová a los quebrantados de corazón y salva a los contritos de espíritu." Señor, por los que han perdido a un ser querido, un familiar o un hijo, te pido que los rodees con tu presencia, y que sepan que estás cerca de ellos. Isaías 61:2b-3 declara: "A consolar a todos los que están de luto; a ordenar que a los afligidos de Sión se les dé esplendor en lugar de ceniza, aceite de gozo en lugar de luto, manto de alegría en lugar del espíritu angustiado. Serán llamados 'Árboles de justicia', 'Plantío de Jehová', para gloria suya." En el Nombre de Jesús, restaura su esperanza y paz.

Por último, te pido por los que están con sentimientos suicidas. Te pido, en el Nombre de Jesús, que les ayudes a saber que

sus vidas son valiosas, y que tienes un buen plan para ellos.
Que hay muchas personas cercanas a ellos, que los aman. Por
favor ayúdales a buscar ayuda y obtener consejería para lidiar
con la depresión que están experimentando. Señor, tú dijiste
en Jeremías 29:11, 'Porque yo sé los pensamientos que tengo
acerca de vosotros, dice Jehová, pensamientos de paz y no de
mal, para daros el fin que esperáis.' Te agradezco, Señor, que
tú tienes un futuro y una esperanza para cada persona, aún
cuando no lo puedan ver. Señor, ayúdales a llamar a un amigo
para recibir ayuda y oración. En el Nombre de Jesús, amén.

Saca tiempo para poner música de adoración y sumergirte en la presencia del Señor. Permite que este libro sea un punto de contacto para tu fe. Cierra tus ojos y comienza a invocar el nombre de Jesús. Invítalo a tu vida y a tu situación. No invoques su Nombre solo una vez; continúa clamando a Él a diario. Él te ama y ve tu situación. Él sabe dónde estás y lo que estás atravesando.

Yo entiendo que este es un capítulo inusual para encontrárselo en medio de un libro. Pero yo creo en el Dios de lo imposible, un Dios que puede hacer cosas increíbles de manera increíble. Y yo he orado por ti y le he pedido a Dios que traiga sanidad a tu vida de forma poderosa.

Uno de mis profetas favoritos era Kim Clement. Yo sé que he compartido sus palabras antes, pero vale la pena compartirlas de nuevo: "Te veo en el futuro, y te ves mucho mejor de como eres hoy."

La enfermedad, el dolor crónico y los desórdenes mentales son difíciles de enfrentar. Una for-ma en que te ayudará en el futuro es que abras la Biblia y profundices en la Palabra de Dios. Escribe algunos pasajes para ayudarte a mantenerte en la fe y creer en Dios para tu avance. No dije que sería fácil. Pero la Biblia dice que tenemos que librar la buena batalla de la fe, usando las profecías que se hayan pronunciado sobre nosotros, y luego podremos librar la batalla bien. Yo he leído el final del libro; nosotros ganamos y el enemigo pierde. No somos ciudadanos de este mundo; solo estamos de paso. Nuestro hogar está en el cielo, donde viviremos por la eternidad con Jesús. Así que mantente animado, sabiendo que Dios te ama y que eres importante para Él. Dios desea moverse de maneras singulares e inusuales.

El centurión le dijo a Jesús, en Mateo 8:8-10:

"Señor, yo no soy digno de que entres bajo mi techo. Solamente di la palabra y mi criado será sanado. Porque yo también soy un hombre bajo autoridad y tengo soldados bajo mi mando. Si digo a este: "Ve", él va; si digo al otro: "Ven", él viene; y si digo a mi siervo: "Haz esto", él lo hace. Cuando Jesús oyó esto, se maravilló y dijo a los que lo seguían: "De cierto les digo que no he hallado tanta fe en ninguno en Israel."

Dios honró la fe del centurión y Él honrará tu fe también.

*Nada es imposible con Dios.
Y el TEPT puede ser curado.*

*Jesús creó el alma, y cuando
ha sido rota, Él sabe cómo
armarla de nuevo.*

~Pastor Gale Kragt

Capítulo 22

¿Puedes Ayudar a Mi Hijo?

*U*na noche, después de un servicio de sanidad, una mujer se me acercó y preguntó: "¿Puedes ayudar a mi hijo?" Cuando yo escucho preguntas como esa, las considero preguntas cargadas. Pueden significar que quien las hace ha estado buscando ayuda para sus seres queridos durante mucho tiempo. Entonces le pregunté: "¿Qué le pasa a tu hijo?" Ella me contó que él había estado en el servicio militar y estaba sufriendo de Trastorno de Estrés Postraumático (TEPT). Según muchos psicólogos, el TEPT no tiene cura, pero yo siempre he creído que sirvo al Dios de lo imposible. Ella luego me dijo que su hijo había estado en el ejército y tuvo que hacer misiones especiales secretas detrás de las líneas enemigas.

Anteriormente, él había sido atendido por más de veinte terapeutas sin mostrar una mejora. Le habían recetado catorce diferentes medicamentos psicotrópicos. Son demasiados, aparte del medicamento para el dolor en su espalda lesionada. Su familia le tenía miedo porque cuando tenía episodios del TEPT, él agarraba armas. Lo separaron de su esposa e hijos. Por muchos años él sufrió con pesadillas traumáticas y se le oía gritar.

El primer día que vino al Centro de Sanidad para su terapia, él se sentó conmigo y mi compañero de oración. Él se metió las catorce pastillas a la boca y se las tragó con dos litros de Sprite. Nos sentamos allí en silencio durante unos treinta segundos. Él me miró y yo lo miré. Luego, él me contó que ese intercambio en silencio fue cuando supo que no iba a recibir una evaluación psiquiátrica típica.

Amado, mi oración es que seas prosperado en todas las cosas y que tengas salud, así como prospera tu alma. — 3 Juan 1:2

Ciertos eventos que ocurrieron mientras estuvo en el servicio militar, estaban desgarrando su alma. Su alma estaba destrozada, por lo cual él estaba destrozado.

La gente no entiende una cosa; para curar el TEPT, debemos tratar las heridas del alma. Y esto solo se puede lograr a través de Jesucristo, el Único que nos creó y nos tejió dentro del vientre de nuestra madre. Cuando el alma está siendo sanada, también debemos empezar a lidiar con la mente, ayudándoles a desarrollar nuevas sendas y formas de pensar.

Así que esa fue la jornada que tomamos durante los siguientes 18 meses. Esta jornada estaba consiguiendo sanidad del dolor de su alma, del cual tenía mucho. Al principio no quería hablar, pero yo le dije que no iba a mejorar si no lidiábamos con el dolor de su alma. Finalmente llegó al punto de estar dispuesto a hablar.

Era un día nevado y ventoso, cuando salimos a caminar por el parque cercano al Centro de Sanidad. Él dijo que necesitábamos dejar nuestros teléfonos en la oficina porque había gente que podría escucharnos en cualquier momento a través de nuestros teléfonos. Y yo sabía que eso era verdad.

Entonces, a media mañana de ese helado día en Michigan, él abrió su corazón y compartió todo lo que le había sucedido en su vida. Fue como extraer una astilla (llena de pus) de su alma. Ahora, habiendo eliminado la astilla y el pus, la herida podía sanar.

Ese día fue el principio de su mejoría paulatina. Sin embargo, yo sabía que necesitaría mucho más tiempo en medio de muchas sesiones más. Yo no sentí que él estuviera listo para dejar sus armas, ya que eran su red de seguridad, y sin ellas no se sentía seguro.

Un día, mientras estábamos en una sesión de sanidad interior, él tuvo una visión de Jesús. En su visión, Jesús estaba montado en un carro de guerra, vestido con armadura y armas, y los ángeles lo rodeaban. Cuando él vio esta visión, exclamó: "Jesús sí es un #!&#$ tipo rudo." (No voy a repetir las palabras que él usó, pero sí me hizo reír.) Después de la visión, él le entregó las armas a su esposa y le pidió que las guardara en una caja fuerte, de la cual solo ella supiera la combinación. Ese fue un gran paso en su proceso de sanidad.

Entre más sanidad interior recibía, tanto más mejoraba. Y luego, conforme aprendió los Nuevos Caminos, un recurso útil que le enseñamos a nuestros clientes en Consultores de Cuidado Espiritual, mejoró aún más. Un día me trajo un documento que había digitado. Él había escuchado el disco compacto de 80 minutos de Nuevos Caminos y luego lo digitó, palabra por palabra. Yo estaba impactado. Nadie más había hecho eso jamás. Cuando le pregunté por qué lo hizo, me dijo que, en el servicio militar, cuando le daban un manual para leer, él lo repasaba palabra por palabra porque su vida dependía de ello.

Él empezó a escuchar cada disco que yo había grabado. Tomó todas las herramientas que yo le di y las puso en práctica. Dedicó mucho tiempo a renovar su mente y a llenarla de cosas buenas de la Palabra de Dios. Debido a su dedicación para curarse y su empeño diario, su mejoría fue rápida.

En cuestión de dos años, su recuperación fue completa. Fue un milagro. Él había soportado veinte años de terapias que no funcionaron. Eventualmente, su esposa vino para ser ministrada debido al cambio tan dramático en su esposo. Y luego Dios los unió de nuevo. Él recuperó a su esposa, a su hijo y su estabilidad mental. Suena como el tipo de situación sobre la cual se podría escribir una canción al estilo *country*.

Mucha gente lo desahució como una causa perdida, pero yo no. Cuando lo vi, le pedí al Señor que me ayudara a verlo como Él lo creó. Una de las formas como entreno a mi equipo es que oren así: "Señor, muéstrame tu propósito para el cual los creaste. Ayúdame a guiarlos para que vean tu propósito para el cual los creaste, porque si pueden ver lo que pueden llegar a ser, eso cambiará sus vidas para siempre."

Actualmente, la miseria que fue su vida se ha convertido ahora en su ministerio. Él dedica su tiempo ayudando a otros veteranos de la milicia y trabaja como voluntario en la comunidad donde vive. Ahora él contribuye en el mismo ministerio que le ayudó a encontrar su sanidad. Durante su proceso de sanidad, él experimentó muchos momentos de Dios.

La Escritura nos dice que todos rechazaron a María Magdalena. Estaba poseída por siete demonios y había cometido adulterio. Pero cuando conoció a Jesús, todo cambió. Él echó fuera de ella los demonios, la sanó, la liberó y luego la hizo parte de su equipo ministerial. Después de morir en la cruz y resucitar de entre los muertos, ella fue la primera persona a quien se le apareció, para mostrarle que estaba vivo.

Mi papá estaba en medio de su entrenamiento militar básico con el ejército para ir a servir en Corea. Sin embargo, como la guerra finalizó después de su entrenamiento, lo enviaron a Alemania en su lugar. El ejército no tuvo ningún efecto adverso sobre él. No obstante, quizá tú seas un veterano de la milicia al leer esto y necesites sanidad. Quiero que sepas que hay esperanza y sanidad en Jesús.

El veterano militar que solía tomar catorce medicamentos psicotrópicos ya no toma ninguno. Conforme mejoraba, él trabajó con su doctor para dejar de tomarlos. En la Biblia, cuando Jesús sanó a los leprosos, los envió de vuelta al sacerdote para que fueran declarados limpios. En aquella época, el sacerdote era el equivalente a la persona del campo médico hoy.

Estoy aprovechando este momento para expresar mi agradecimiento a todos nuestros veteranos militares que están sirviendo o han servido a nuestro país. Gracias por su servicio y sacrificio. Debido a su sacrificio, hoy vivimos en un país libre. Que Dios los bendiga ricamente.

Voy a concluir este capítulo diciendo: "Nada es imposible con Dios. Y el TEPT puede ser curado. Jesús creó el alma, y cuando ha sido rota, Él sabe cómo armarla de nuevo. Nada es imposible con Él."

Ese veterano escribió su testimonio para ser incluido en este libro:

Cuando yo vine a Consultores de Cuidado Espiritual, yo estaba quemando mi último cartucho. Mi esposa me había echado debido a mi trauma mental por el TEPT y mi alcoholismo, y en general un comportamiento egoísta y desesperado.

Luego de haber crecido en una familia amorosa, ingresé al servicio militar y me involucré en el ocultismo. Una fuerte espiral hacia el alcoholismo, el abuso de drogas y el estilo de vida hedonista, dejaron mi mente mucho menos aguda de lo que alguna vez fue; mi cuerpo era un desastre casi paralizado, y mi temperamento se volvió más enojadizo.

Estando en mi punto más bajo y lleno de demonios, mi madre me llevó a Consultores de Cuidado Espiritual… y cuando entré a la oficina de Gale, me sentí como del tamaño de un hombrecillo de juguete Lego, debido a la presencia del Espíritu Santo que permeaba la sala. Siendo un ocultista, cuando te topas con un "Poderoso Hombre de Dios", ¡de inmediato lo sabes! Y yo estaba desesperado, así que lo escuché detenidamente.

Aunque es fantástico que la terapia en Consultores de Cuidado Espiritual sea gratuita, el hecho es que yo hubiera pagado cualquier precio para restaurar la paz y el gozo en mi vida.

Yo era un desastre emocional (y una pesadilla espiritual), camino al infierno, y creo que fue solo porque estaba tan humillado y dispuesto a hacer cualquier cosa para recuperar a mi esposa e hijos, que me esforcé tanto por completar el proceso de colocar cada cosa en el gancho de Dios y rendir mi vida completamente a Jesús.

En este momento, ya el Señor ha restaurado la mayor parte de mi salud y toda mi mente, y estoy ansiosamente esperando su regreso. Es lamentable que a los políticos no se les exija asistir a Consultores de Cuidado Espiritual antes de tomar decisiones por todos nosotros.

A lo largo de los años, yo les he recomendado, literalmente, a miles de personas que vayan a Consultores de Cuidado Espiritual, y es solo porque tantos milagros han ocurrido en mi vida desde que me rendí a Jesús y seguí el proceso de Gale (de CCE). Créeme, habiendo sido an-tes una bomba de tiempo humana, esperando explotar, y ahora siendo un misionero a los indigentes y un padre amoroso, los milagros sí están esperando para manifestarse también en tu vida.

Capítulo 23

COMPÁRTELO

Hace poco, fui a ver la película, El Apóstol Pablo, que recién llegaba a los cinemas. En la película, el apóstol Pablo mete su mano dentro del océano y deja que el agua corra entre sus dedos. En esa escena él menciona que la vida es corta. Como agua que corre entre tus dedos y vuelve al océano, no mucho tiempo después de morir es que nos olvidan, como si nunca hubiéramos existido. La Biblia dice que nuestra vida es como un vapor, solo dura un instante, comparado con la eternidad.

Ciertas culturas tienen una 'tradición oral', donde las historias pasan de una generación a otra. En el libro de Josué, los hijos de Israel tomaron 12 piedras del centro del Río Jordán para levantar un monumento en la ribera del río, como un recordatorio a ellos y a sus hijos de todo lo que Dios había hecho por ellos. Qué rápidos somos para olvidar las cosas que Dios ha hecho por nosotros.

¿Alguna vez has tenido un mejor amigo o mentor, de quien tuviste un alto concepto, alguien genuinamente piadoso, a quien admirabas? ¿Pero luego, poco después de morir, todos los momentos de Dios que experimentó durante su vida se esfumaron y fueron olvidados?

Después que falleció mi abuelita (Eva), yo estaba tan agradecido de haber podido estar con ella durante tantos de sus momentos de Dios.

Pero sé, de hecho, que ella tuvo muchos momentos de Dios más en su vida, de los cuales nunca escuché. Oh, cuánto quisiera que me los hubiera escrito para leerlos y recordarlos. Luego de que falleció, mi madre me dio la Biblia de ella. Yo repasé esa Biblia página por página, revisé cada pasaje que ella había marcado o resaltado, y leí cada nota que ella había escrito en los márgenes. La Biblia de ella fue un precioso regalo que tengo guardado en un lugar especial.

Otra persona que tuvo un impacto significativo en mi vida fue mi vecino de al lado, Harold. Él era el director de la escuela primaria donde yo asistía. Se convirtió en un padre espiritual para mí, y pasamos mucho tiempo hermoso juntos.

En una ocasión, caminábamos por el bosque cerca del río Rabbit y él andaba con su caña de pescar. Nos quedamos cerca de la ribera y él señaló hacia el agua y dijo: "Hay un lucio ahí abajo porque el agua es profunda." Yo miré, pero no vi nada. Él tomó su caña de pescar y remojó su señuelo en el agua cerca de la orilla. Cuando lo hizo, un lucio norteño de unos 55 cm saltó desde debajo de la orilla y agarró el señuelo. Harold sonrió mientras sacaba el pez y lo colocaba sobre la orilla.

Harold me llevó a un campo abierto y me mostró donde un relámpago había caído a tierra. Escarbamos allí y vimos como la arena se había convertido en vidrio por causa del impacto del relámpago. Luego me llevó al sitio donde él solía buscar cabezas de flechas indígenas. Él tenía un museo en su propiedad, repleto con cuanta cosa se podría imaginar. Él me mostró cómo vivir para Jesús de una manera muy práctica.

Me dejó empacar heno con él y conducir su tractor y empacadora. Era un hombre muy paciente. A menudo hacía funcionar la empacadora demasiado rápido, y una vez cortamos un alfiler y tuvimos que detenernos para que él pudiera arreglar la empacadora. Uno de mis mejores recuerdos es que, después de cargar las pacas de heno en el granero, su esposa, Leona, nos traía un Sprite frío y un cono de helado a cada uno. Luego nos sentábamos en la carreta a disfrutar la golosina fría en un día caluroso.

Yo me sentaba junto a Harold en la iglesia, y cuando llegaba el momento de orar, nos arrodillábamos uno junto al otro en el banco. Yo escuchaba sus oraciones y su gran amor por Di-os. Luego, un día se enfermó mucho; tenía cáncer de huesos. Se le hizo muy difícil caminar o sentarse, pero siguió adelante. Él no se daría por vencido. Cuando su salud empeoró, volé a casa desde la universidad bíblica en Canadá para poder visitarlo.

Al entrar con mi auto a su patio, él estaba de pie junto a su jardín, apoyado en el borde de su azada. Tenía un trozo de paja en su boca y sonrió cuando vio mi auto. Nos sentamos y hablamos sobre la vida, la universidad y por lo que él estaba pasando. Luego dijo: "Tengo un regalo para ti". Entramos a la casa, él entró en su habitación y salió con un librito verde. "Este libro ha significado mucho para mí a lo largo de los años", dijo. Además de la Biblia, era su libro favorito, titulado *Dentro de las Puertas*, escrito por Rebecca Springer. Hoy en día, este libro todavía se puede encontrar en línea y en YouTube como un audiolibro.

Sabía que mi visita a su casa ese día probablemente sería la última vez que lo vería con vida. Efectivamente, falleció mientras yo estaba en la universidad bíblica.

Llegué a conocer al único hijo de Harold, quien decidió no seguir el camino de su padre. Siempre me trató muy bien, y todavía oro por él para que no se olvide de Jesús. Una vez, cuando estaba de vuelta en casa de la universidad bíblica, su hijo tenía una venta de garaje. Fui a la venta y encontré la Biblia personal de Harold sobre la mesa. A estas alturas ya sabes lo que hice; compré su Biblia. La llevé a casa y la revisé página por página, para ver cada pasaje de las Escrituras que había subrayado o cualquier nota que hubiera escrito en su Biblia.

Yo estaba tan contento por tener el librito verde, *Dentro de las Puertas*, que él me dio. Ha sido un gran estímulo para mí, como lo fue para él. Lo he leído una y otra vez. Y al igual que con mi abuelita, yo creo que Harold tuvo muchos otros momentos de Dios en su vida, pero nunca los anotó. Oh, cuánto me hubiera encantado leer sobre los momentos de Dios tan especiales que tuvo con Jesús. Antes de fallecer, él me compartió el "pasaje bíblico de su vida", y yo lo he convertido en el pasaje bíblico de mi vida también.

> *Aconteció después de la muerte de Moisés, siervo de Jehová, que Jehová habló a Josué hijo de Nun, servidor de Moisés, y le dijo: «Mi siervo Moisés ha muerto. Ahora, pues, levántate y pasa este Jordán, tú y todo este pueblo, hacia la tierra que yo les doy a los hijos de Israel. Yo os he entregado, tal como lo dije a Moisés, todos los lugares que pisen las plantas de vuestros pies. Desde el desierto y el Líbano hasta el gran río Éufrates, toda la tierra de los heteos hasta el Mar Grande donde se pone el sol, será vuestro territorio. Nadie podrá hacerte frente en todos los días de tu vida: como estuve con Moisés, estaré contigo; no te dejaré ni te desampararé. Esfuérzate y sé valiente, porque tú repartirás a este pueblo como heredad la tierra que juré dar a sus padres. Solamente esfuérzate y sé muy valiente, cuidando de obrar conforme a toda la Ley que mi siervo Moisés te mandó; no te apartes de ella ni a la derecha ni a la izquierda, para que seas prosperado en todas las cosas que emprendas. Nunca se apartará de tu boca este libro de la Ley, sino que de día y de noche meditarás en él, para que guardes y hagas conforme a todo lo que está escrito en él, porque entonces harás prosperar tu camino y todo te saldrá bien. Mira que te mando que te esfuerces y seas valiente; no temas ni desmayes, porque Jehová, tu Dios, estará contigo dondequiera que vayas.*
> — Josué 1:1-9

Yo he enfrentado muchos desafíos a lo largo de mi vida, y he usado este pasaje como una fuente de aliento a través de los años. Dios le dijo a Josué que le daría todo lugar que pisara su pie. Le dijo que meditara en el libro de la ley de día y de noche, y que fuera fuerte y valiente porque él iba a llevar a este pueblo a heredar la tierra. No creo que pase un día sin que piense en esa Escritura. Lo tengo enmarcado en mi oficina hasta el día de hoy.

Entonces, tengo una pregunta para ti. ¿Has escrito tus momentos de Dios para poder compartirlos con tus hijos y nietos? Debes compartir lo que Dios te ha dado para que las experiencias puedan vivir a través de las generaciones. Tus amigos, familiares y seres queridos necesitan escuchar acerca de la bondad de Dios que has experimentado durante tu vida. Es vital para que ellos puedan crecer en su fe y tu vida pueda perdurar a través de las generaciones. Así que te digo de nuevo: "¡Compártelo!" porque si no lo haces, todo pasará cuando tú mueras. ¿Por qué no dejar un legado para las futuras generaciones?

*Este día te has convertido en mi hijo.
Desde este día hasta el día en que
mueras, serás conocido como
"Wakan Wounspe Gluha Mani"*
("Camina con Sabiduría Espiritual")

~Darrell New Plenty Stars

Capítulo 24

El Clamor

Cuando yo tenía 19 años, fui a vivir a Brainerd Indian School, una escuela de internado para niños indígenas de Estados Unidos. Sus padres los traían y dejaban allí durante todo el año escolar. Yo renuncié a mi trabajo porque había planeado vivir en esta escuela por los siguientes tres meses, con la esperanza de quedarme allí por más tiempo.

Antes de llegar, se me había dicho que los niños indígenas no serían amigables conmigo. Que les llevaría unas tres semanas acostumbrarse a la idea de quién era yo. Luego, una vez que ya me conocieran, querrían pasar mucho tiempo conmigo. Me alegré de saber esto de antemano.

Recuerdo estar trabajando en la cafetería, entregando cartoncitos de leche a los chicos. Había una niña de la tribu Návajo, que llegaba y me arrebataba la leche de mis manos. Yo no le simpatizaba por ser blanco. Cuando se me acercaba, miraba hacia abajo y no me miraba a los ojos. Si una mujer indígena americana me miraba a la cara, eso sería irrespetuoso.

Cada año en la escuela Brainerd Indian School, enviaban a los niños a la Iglesia Wesleyana de Hot Springs para las reuniones de avivamiento. Antes que empezaran estas reuniones, mucha actividad demoníaca sobrenatural ocurría entre los niños en los dormitorios donde se hospedaban. Era usual que los niños vieran a alguien de túnica negra parado por la puerta, llamando sus nombres. El enemigo no quería que ellos conocieran a Jesucristo como su Señor y Salvador.

Los dos grupos indígenas principales cuyos niños asistieron a la escuela fueron los Sioux y los Návajo, aunque tuvimos algunos alumnos de otras tribus también. Incluso en esa época, las tribus Sioux y Návajo no eran amigas; se consideraban enemigas. La rivalidad entre ellas se remonta a tiempos antiguos.

Antes que yo viviera en Brainerd Indian School, ya había visitado esta escuela cinco veces con el programa "Vacaciones con Propósito", que consistía en que el equipo trabajara en el mantenimiento de los edificios y otros preparativos.

En una ocasión trajimos a los niños a las reuniones de avivamiento, y es algo que nunca olvidaré. Todos los niños estaban sentados hacia el frente en la Iglesia Wesleyana Hot Springs. Había una gran cruz y un altar al frente de la iglesia. Cuando el predicador terminó de dar su mensaje sobre Jesús, la niña Návajo que había sido tan grosera conmigo pasó al altar, levantó sus manos hacia la cruz, clamó en su idioma Návajo y entregó su corazón a Jesucristo. Ahí estaba arrodillada, con su cabello negro azabache y las lágrimas corriendo por sus mejillas mientras Jesús se convertía en su Señor y Salvador. La siguiente vez que la vi en la fila para recibir la leche, ella fue muy cortés conmigo; tomó su leche de mis manos suavemente. La ira hacia mí se había ido. Ese fue el mismo año en que tuvieron un bautismo especial y yo todavía no había sido bautizado. Así que fui bautizado junto con siete indígenas estadounidenses de la tribu Sioux. ¡Qué gran experiencia!

Tiempo después, volví a la Reserva Indígena Pine Ridge para visitar a Darrell New Plenty Stars, con quien yo tenía una amistad de muchos años. En una ocasión, estando yo de visita en la reserva, él me pidió que orara por una anciana en una de las casas, quien necesitaba sanidad en su cuerpo. Entonces entré a la casa con él y me presentó a la señora. Cuando comencé a orar por su sanidad, no me percaté de un joven que recién había entrado a la casa. Él tenía cabello largo y estaba sin camisa.

Entró corriendo para atacarme por detrás. Justo cuando se acercó a mi espalda, escuché un terrible golpe contra el suelo. Me volví y lo miré. Él se veía aterrorizado mientras se levantó del piso y salió corriendo por la puerta a toda velocidad. Le pregunté al pastor Darrell sobre lo que acababa de ocurrir. Me contó que mi ángel irrumpió desde la dimensión sobrenatural cuando el joven se me acercó y lo tumbó al piso. Qué experiencia tan aterradora tuvo que haber sido para ese joven.

Unos treinta años más tarde, Darrell New Plenty Stars me llamó. Me compartió que yo había sido su amigo por muchos años y quería que yo volara a Dakota del Sur para asistir a una ceremonia especial de nombramiento. Él y su familia querían que yo me hiciera parte de su familia Lakota. Verás, el nombre que ellos usan para la tribu Sioux es Lakota. Sioux fue el nombre que les fue dado por los franceses, que significa 'serpientes'. Pero entre ellos se conocen como la tribu Lakota. Él me contó que, junto con su esposa, Rose, iban a orar por un nombre para mí, y me preguntaron si yo vendría. Por supuesto que acepté.

Abordé un vuelo hacia Hot Springs, Dakota del Sur. Él me recogió en el aeropuerto y me llevó a un remolque donde vivía su hija con la hijita de ella. Me dejó allí y me advirtió: "Si quieres seguir con vida, no te irás de este remolque." El área era muy peligrosa, así que me hospedé con su hija toda la semana que estuve allí.

Mientras estuve ahí, Darrell New Plenty Stars me llevó alrededor de la reserva y me mostró la fortaleza, la tierra del humo que sube y muchos otros lugares interesantes en la reserva. Él me enseñó y compartió la tradición oral de cómo era entre las tribus indígenas antes de la llegada de los misioneros. Me dijo que ellos adoraban a Jehová, pero no hacían muchas de las cosas que hacen hoy.

La ceremonia de nombramiento es el honor más alto otorgado por una tribu indígena. En conmemoración de esta ceremonia, ellos solían entregar abrigos de piel de búfalo como regalos, pero ahora dan cobijas bordadas con estrellas. El día de mi ceremonia de nombramiento, fuimos en auto a un parque en las Colinas Negras, donde nos reunimos con cincuenta miembros de su familia y él me proclamó como su hijo. Él me contó por qué me estaba incorporando a su familia. Noté que había una silla con una hermosa cobija bordada encima.

Él me llevó a pararme frente a él. Le pidió a su hijo que tomara la cobija bordada y la colocara sobre mis hombros. La cobija de tamaño matrimonial extra grande era muy colorida, con una cruz en el centro. Él me dijo con gran solemnidad: "Este día te has convertido en mi hijo. Desde este día hasta el día en que mueras, serás conocido como 'Wakan Wounspe Gluha Mani'. Yo pensé: "Guau, qué nombre." En inglés significa 'Camina con Sabiduría Espiritual'. Para ellos, un nombre lo es todo. Qué increíble momento de Dios. Para ellos, al recibirme como parte de su familia, yo era igual que un pariente de sangre. Ese día recibí un hermano y dos hermanas más como parte de mi familia; hasta el día de hoy me llaman hermano. Luego intercambiamos regalos. Estos obsequios no pueden ser un presente cualquiera. Yo le había traído una soga de guerrero porque él había perdido la suya durante un combate armado en Vietnam. Ellos me dieron un libro sobre cómo leer y hablar el idioma Lakota, además de otros regalos.

Él me llevó por toda la reserva y me mostró dónde había encontrado a una niñita indígena norteamericana, que estaba moribunda en una zanja. Él describió cómo la alzó, la llevó a su auto y la guió en la oración de salvación. Él me llevó por los caminos marginales de la reserva y me contó cómo había suplido a los combatientes indígenas norteamericanos con comida y cobijas en el enfrentamiento en Wounded Knee (Rodilla Herida). Luego me llevó a los sepulcros colectivos en Wounded Knee y al edificio de los jefes. Me presentó como un hijo suyo cuando se acercaron para hablarnos. Me preguntaron: "¿Cuál es tu nombre?" Yo sabía que no se referían a mi nombre en inglés, sino mi nombre Lakota. Cuando les dije mi nombre, eso generó un respeto inmediato. Respondieron: "Nombre fuerte."

Por fin llegó el momento de regresar mi casa. Nos despedimos y yo entre al aeropuerto de Hot Springs con mi cobija bordada dentro de una bolsa. Una mujer joven en el aeropuerto notó la bolsa y preguntó: "¿Esa cobija bordada de estrellas es tuya?" Le dije: "Sí, la recibí en mi ceremonia de nombramiento." "Oh", me respondió. "Queremos obtener un nombre para nuestro hijo también. ¿Abrirías tu bolsa para mostrarme tu cobija?" Entonces, abrí la bolsa y extendimos la cobija. Yo no lo sabía, pero estaba a punto de tener un momento de 'Danzas con Lobos'. Un hombre Lakota que venía bajando por las gradas eléctricas gritó a todo pulmón, en idioma Lakota: "¡Eso está muy bueno!" "¡Guau!" pensé. "El nombre sí que lo es todo."

Desde el clamor de la niña Návajo, al entregarle su corazón a Jesús, hasta convertirme en hijo de la tribu Lakota, qué asombrosos momentos de Dios fueron esos. Verás, en la vida es esencial que sepas quién eres, de dónde vienes y a quién perteneces.

Mi padre indígena norteamericano escribió un libro, *"De las Llamas de Rodilla Herida al Centro de la Voluntad de Dios"*. Verás, él había tenido un encuentro con Jesús y se hizo cristiano mientras estaba tirado en una cuneta. Antes que Dios lo salvara, él era uno de los líderes de pandilla más temidos en la reserva. También fue teniente de la Fuerza Policial Nativa Americana por un tiempo. Así que su presencia y su nombre infundían respeto. Él predicó a Jesús en todo lugar por donde andaba y era muy respetado entre el pueblo Lakota. Recuerdo haber ido a un restaurante con él y su esposa cierto día en Rapid City. Cuando entramos al restaurante, los otros clientes se fueron porque él era un nativo americano. Pensé: "Guau, qué terrible prejuicio."

Te dejo con esto: Es hora de clamar a Dios. Hoy es el día de salvación. Hay muchas religiones falsas allá afuera hoy, y mucha gente va por un camino equivocado. Si has leído hasta aquí en este libro y aún no conoces a Jesús como tu Salvador, te invito a leer de nuevo el capítulo 8, titulado 'La Invitación', y luego haz la oración de salvación.

Doy toda la gloria a Jesús por tantas cosas que he visto. He compartido sobre muchas cosas que he visto al Señor hacer. Él siempre obra a través de su pueblo porque somos las manos y los pies de Jesús. Así que, cuando Él obra a través de nosotros y hace cosas asombrosas, debemos asegurarnos de darle a Él toda la honra, la gloria y la alabanza.

———————————

Cuando oramos y profundizamos más, cargamos una mayor presencia de Jesús dondequiera que vayamos.

~Pastor Gale Kragt

———————————

Capítulo 25

PROFUNDIZA MÁS

Mucho de lo que está faltando en las vidas de los creyentes hoy es la oración. Te voy a llevar de vuelta a la época de mi universidad bíblica. Tuvimos un profesor llamado Bruce, que enseñaba teología. Para algunas personas, la teología puede ser considerada como aburrida, pero no con el profesor Bruce. Conforme enseñaba sobre la teología, él hablaba de su vida de oración. Él nos habló acerca de tener temporadas de oración cuando guiaba a un grupo de hombres hasta un faro muy singular, y allí se arrodillaban y oraban por horas ante el altar. A veces llevaban peticiones de oración especiales, esperando respuestas. Él hablaba sobre arrodillarse y orar en aquel faro, hasta que la paz de Dios inundara sus almas, y entonces sabían que Dios había contestado sus oraciones. Había alumnos en sus clases que a veces no apreciaban su pasión con lágrimas, pero yo sí, porque sabía que Dios nos estaba enseñando más que teología; nos estaba impartiendo el corazón del Señor en cuanto a la oración.

Mientras él nos enseñaba y compartía sobre diferentes momentos de Dios en su vida, nos contó de las ocasiones con Jesús y sus encuentros con el Espíritu Santo. Cuánto amaba yo sus enseñanzas y, aún más, me encantaban las historias acerca de sus experiencias. Qué lástima que estas vivencias a menudo no se escriben, de manera que otros luego pudieran beneficiarse de ellas.

También estaba el pastor Mark de Sudáfrica, que hablaba acerca de orar por tres horas cada día, un requisito si querías ser parte del personal en su iglesia. Cuando el pastor Mark hablaba de orar durante horas, yo solía pensar: "Eso será para ti, no para mí. Tú vives en Sudáfrica, así que tienes menos distracciones." Esa es una mentira que nos decimos a nosotros mismos. Pensamos que al ser estas otras naciones pobres, tienen menos distracciones, pero las distracciones están en todo lugar.

Esta vida es para prepararse para el cielo. La única manera que yo conozco para hacerlo es leyendo mi Biblia y orando. Yo solía pensar que orar por tres horas diarias como requisito era ridículo. Pero ahora me doy cuenta, conforme envejezco, que es imprescindible. Yo no puedo ministrar de la forma que quiero sin haber orado por horas. Sé que entre más viejo soy, más me estoy acercando al cielo.

Muchos creyentes en la iglesia de hoy no están preparados para el cielo. No leen sus Biblias ni oran, lo cual resulta en una vida sin poder y una vida que no está preparada para encontrarse con Jesús. No es mi intención dar un sermón acá, pero tenemos iglesias diseñadas para atraer a los curiosos y quieren que los pecadores se sientan cómodos. Perdón, pero la última vez que revisé, el ministerio del Espíritu Santo trajo la convicción del pecado, lo cual puso a los pecadores muy incómodos. Si no hay convicción de pecado, no hay salvación. Oh, cuánto ha engañado el enemigo a la iglesia en Estados Unidos.

Entonces, debemos profundizar más. Sin la oración no hay poder. El Monte de Oración en Seúl, Corea, es donde la gente ora 24 horas al día y ayunan y oran durante muchos días. Estoy convencido que, si queremos más momentos de Dios en nuestras vidas, necesitamos llevar más de Jesús con nosotros. Para hacer eso, tenemos que pasar más tiempo con Jesús.

La oración es poderosa y cambia las cosas.

Al quedar libres, Pedro y Juan volvieron a los suyos y les relataron todo lo que les habían dicho los jefes de los sacerdotes y los ancianos. Cuando lo oyeron, alzaron unánimes la voz en oración a Dios: «Soberano Señor, creador del cielo y de la tierra, del mar y de *todo lo que hay en ellos, tú, por medio del Espíritu Santo, dijiste en labios de nuestro padre David, tu siervo: » "¿Por qué se sublevan las naciones y en vano conspiran los pueblos? Los reyes de la tierra se rebelan y los gobernantes se confabulan contra el Señor y contra su ungido" En efecto, en esta ciudad se reunieron Herodes y Poncio Pilato, con los gentiles y con el pueblo de Israel, contra tu santo siervo Jesús, a quien ungiste para hacer lo que de antemano tu poder y tu voluntad habían determinado que sucediera. Ahora, Señor, toma en cuenta sus amenazas y concede a tus siervos el proclamar tu palabra sin temor alguno. Por eso, extiende tu mano para sanar y hacer señales y prodigios mediante el nombre de tu santo siervo Jesús». Después de haber orado, tembló el lugar en que estaban reunidos; todos fueron llenos del Espíritu Santo, y proclamaban la palabra de Dios sin temor alguno.* — Hechos 4:23-31*

Me alegro tanto que estos tiempos de oración fueron incluidos en la Biblia. Me hubiera encantado haber estado allí para experimentarlos. ¿Puedes imaginar un tiempo de oración tan poderoso que el edificio donde estás tiembla al final de tu oración? ¡Guau! Yo quiero experimentar eso. Qué tremendo momento de Dios.

Yo creo que más experiencias como esa ocurrieron en la iglesia primitiva, pero nadie las escribió. El resultado de este tiempo de oración fue que todos fueron llenos del Espíritu Santo y hablaban la Palabra de Dios con valentía. Ese es mi punto; sin oración no hay valentía; sin oración no hay poder. La iglesia se ha vuelto confortable con una vida tibia. Jesús mismo dijo, en Apocalipsis 3:16: *"Ojalá fueras caliente o frío, pero porque eres tibio te vomitaré de mi boca."*

Nuestras vidas deben distinguirse por la oración; debemos ser conocidos por eso. Cuando oramos y profundizamos más, cargamos una mayor presencia de Jesús dondequiera que vayamos. Sea que nos demos cuenta o no, podemos sentir su presencia tangiblemente.

Cuando mi equipo y yo entramos a las tiendas en Honduras, había hombres armados a la entrada custodiando las tiendas. El Señor me habló al corazón dos veces para que me acercara y orara con dos hombres jóvenes que cargaban sus armas. Le pedí a mi intérprete que me ayudara para poder orar con ellos. Ambos hombres me abrieron sus corazones y recibieron las oraciones y las palabras que yo escuché de parte del Señor para ellos. Entonces le pregunté a uno de mis intérpretes: "¿Es normal que un norteamericano pueda acercarse así y hacer una oración con ellos mientras están custodiando una tienda?" Ella me dijo: "No, eso no es normal. Pero ellos ven lo que nosotros vemos." "¿Y qué es lo que ven?" le pregunté. Ella respondió: "Podemos ver la luz de Jesús brillando en tu cara, y cuando la gente ve eso, están dispuestos a hablar contigo." Quedé muy impactado por lo que vieron.

Me recordó a Moisés, cuando subió al monte a reunirse con Dios, y cuando descendió, su rostro estaba brillando. Entonces pensé: "¡Guau!" Me preguntaba por qué las cosas eran tan diferentes en Honduras. Luego el Señor me habló al corazón: "Bueno, ¿qué es lo que haces cuando estás aquí?" Primero llegamos a la casa de hospedaje de la misión, abrimos nuestras Biblias y oramos; pasamos horas orando. Entonces me di cuenta de la diferencia; se debía al tiempo que habíamos pasado orando, por lo cual había una mayor presencia de Jesús.

En otra ocasión en un centro comercial de Honduras, Dios me dio una palabra de conocimiento para un caballero que necesitaba sanidad. Allí mismo, en el centro comercial, el equipo y yo oramos por su sanidad. Él estaba tan agradecido. Cuando levantamos la mirada después de la oración, estábamos asombrados; había una fila de gente que también quería oración. Dios contestó sus oraciones de maneras impresionantes.

Otra diferencia en Honduras fue que oramos mucho más; eso necesita cambiar en los Estados Unidos. Necesitamos más filas para oración en los centros comerciales. Necesitamos convertir las filas de pago en filas de oración. La única manera en que eso puede suceder es si pasamos más tiempo con Jesús. Se requiere la presencia del Señor para abrir ese tipo de puertas.

Cuando yo empecé a regresar al campo misionero en Honduras y Costa Rica, me di cuenta que el concepto que ellos tienen de la oración y cómo orar, es diferente del nuestro en los Estados Unidos. En la región de una de las iglesias que visité en Honduras, el clima estaba muy caliente; 32° C a 38° C en promedio. Para prepararse para el culto, sus intercesores de oración oran por dos o tres horas antes. Recuerdo cuando entré al culto y los vi orando, todos empapados de sudor luego de su tiempo de oración. Me pregunté: "¿Estaríamos dispuestos nosotros a hacer ese tipo de sacrificio para ver el mover de Dios?" Los resultados fueron señales, prodigios, salvaciones, sanidades y milagros. Muchos dicen que quieren ver eso suceder, ¿pero realmente lo anhelamos tanto, que estaríamos dispuestos a hacer cualquier cosa con tal de que ocurra?

Oren en el Espíritu en todo momento y en toda ocasión.
Manténganse alerta y sean persistentes en sus oraciones por todos
los creyentes en todas partes. — *Efesios 6:18*

Debemos estar orando en el espíritu en toda ocasión, en todo lugar donde vayamos. Debemos distinguirnos por nuestra oración. Creo que toda persona que diga que es creyente necesita tener un lugar especial donde pueda reunirse con Dios diariamente. Ahora, puedes estar pensando: "Pastor, es que no sabes lo ocupado que estoy." Pues, debo decir: "Todos estamos ocupados." ¿Sacas tiempo para ir a tu partido de fútbol favorito? No, no estoy diciendo que haya algo de malo en eso. ¿Tendrás un programa de TV favorito, el cual ves cada semana y no te lo quieres perder? ¿Será una verdadera prioridad el llegar al cielo? Si es así, es posible que algunas de tus otras prioridades deban cambiar.

Cuando amas a alguien, haces de esa persona una prioridad. Pasas horas a su lado y no te preocupa en lo más mínimo. ¿Es Jesús tu prioridad? ¿Amas Su palabra? ¿Te encanta hablar con Él?

Acérquense a Dios, y él se acercará a ustedes. Limpien sus manos,
pecadores y purifiquen su corazón, ustedes de doble ánimo.
— *Santiago 4:8*

Este pasaje es una invitación a profundizar más con Dios. Valdrá la pena.

Creo que muchas veces tenemos ídolos en nuestras vidas. Un ídolo es cualquier cosa que antepones a Dios. Ya que el cielo es nuestro hogar, y si lo conocemos a Él, entonces debemos leer nuestra Biblia, orar y hablar con Jesús diariamente. La Biblia habla de cómo será el cielo y el infierno para nosotros. Habla acerca de Dios y cómo podemos ser sus amigos. Yo creo que cuando lleguemos al cielo, si no hemos sacado el tiempo para prepararnos y conocer la Palabra de Dios antes de morir, se nos va a tener que enseñar las cosas de Dios allá.

Su invitación es sencilla: "Acérquense a Dios y Él se acercará a ustedes." ¿Qué será lo que tenemos que eliminar de nuestras vidas? Cosas que no tienen valor eterno, pero las amamos. Está bien que te diviertas y disfrutes la vida, pero asegúrate que te estés preparando para la eternidad. Saca tiempo para hacer un inventario de todo lo que haces durante el día cada semana. Luego, pregúntale a Jesús: "¿Cuáles cosas puedo eliminar de mi vida?" Puedes tener la certeza que Jesús será fiel en mostrarte cómo hacerlo. Estoy consciente que es un gran reto y algunos hasta pueden molestarse conmigo por lo que dije. A menudo, la verdad nos duele. Pero cuando escuchamos al Señor y lo que Él quiere decirnos, puede cambiarnos la vida.

Yo sé que hablé de esto antes, pero vale la pena repetirlo. En la iglesia primitiva, cuando Pedro estaba en prisión y Herodes planeaba matarlo al día siguiente, la iglesia pasó la noche orando. Y el resultado fue que Dios libró a Pedro, enviando a un ángel para rescatarlo. Yo creo que mientras oraban, declararon la Palabra de Dios. Y de acuerdo con el Salmo 103:20, "los ángeles ejecutan la Palabra de Dios." De manera que, conforme oraban, Dios envió a los ángeles y Pedro fue rescatado.

También he participado en reuniones de oración de toda la noche. Pueden ser un poco desafiantes si nunca has participado en una de ellas. Pero vemos que incluso Jesús oraba toda la noche. Así que he llegado a darme cuenta que necesito menos horas de sueño y más oración si espero ver realizadas las cosas que quiero que el Señor haga.

Empieza con poco y vas aumentando. Elimina lo que necesites quitar de tu vida. Luego, haz una prioridad de profundizar más con Dios. No serás decepcionado. Al principio no será fácil. Cuando yo comencé a orar tres horas por día, mi carne lo sentía, mientras que el enemigo trató de convencerme que yo no podía lograrlo. El enemigo es un mentiroso. Hay cosas que quiero que Dios haga durante mi vida, pero si no oro y lo busco a Él, no van a ocurrir.

Te ofrezco esta oración ahora mismo:

Señor, te pido que los que lean este capítulo no se sientan condenados. Te pido que el poder y presencia del Espíritu Santo los toque. Pido que los guíes y les ayudes a desarrollar una relación más profunda contigo. Señor, como Tú nos amas tanto, te pido, en el nombre de Jesús, que bendigas a los lectores y les ayudes. Rodéalos con tus ángeles. Que la presencia del cielo los sature, en el nombre de Jesús lo pido. ¡Amén!

No es imposible obtener una relación más profunda con Dios. Con Dios, todo es posible. Yo deseo experimentar más de la presencia del cielo y ver cuando Dios se me aparece en lugares inesperados.

Que Dios te bendiga y te guarde, y haga que su rostro brille sobre ti conforme profundizas más tu relación con Él.

Honra a tu padre y a tu madre, para que tus días se prolonguen sobre la tierra que Jehová, tu Dios te da.

~ Éxodo 20:12

Capítulo 26

HONOR

*E*n este capítulo final, quisiera tomar un momento para honrar a mi padre y a mi madre. En Éxodo 20:12 dice: *"Honra a tu padre y a tu madre, para que tus días se prolonguen sobre la tierra que el Señor, tu Dios te da."*

Quiero comenzar diciendo que ninguna familia es perfecta. El nombre de mi papá es Arnold y el de mi mamá es Hilda. Una cosa que diré acerca de mi padre es que él decidió, cuando se casó con mi mamá, que seríamos una familia cristiana. Verás, muchos miembros de la familia Kragt no eran cristianos. Yo estoy agradecido que mi papá tomó esa decisión por nuestra familia.

Mi papá estaba en la iglesia todos los domingos en la mañana, sentado cerca del frente con mi mamá. Nunca se perdió un domingo, a menos que estuviera demasiado enfermo. Mamá se aseguraba que estuviéramos en la iglesia un mínimo de tres veces por semana. Si había un orador o evangelista invitado, se nos exigía estar en todos los servicios, sin importar cualquier otra cosa que hubiera en nuestras vidas. La iglesia siempre fue una prioridad. Los jóvenes de hoy se quejan si tienen que asistir una vez por semana, ni qué decir si fueran tres veces por semana. Pero mi mamá y papá decidieron que asistiríamos a la iglesia mientras viviéramos bajo su techo. Así que, si tus hijos se quejan porque los obligas a asistir a la iglesia, no los escuches; estás sembrando semillas en sus vidas que perdurarán por la eternidad.

Cuando yo era más joven no me daba cuenta de lo que Dios estaba haciendo, pero estaba teniendo momentos de Dios y ni siquiera lo sabía. Estoy tan agradecido por el fundamento de la salvación que Mamá y Papá nos inculcaron. Debido a ellos y el fundamento de la salvación, es que estoy donde estoy hoy en día, siguiendo el llamado de Dios. ¿Era perfecta nuestra familia? Ciertamente no. ¿Era perfecta la iglesia a la cual asistíamos? No, en absoluto. No hay familia ni iglesia que sean perfectas.

Yo lo veo de esta manera; Jesús mismo instituyó la iglesia, por lo que es esencial que nosotros asistamos. Jesús usará la iglesia para alcanzar a un mundo perdido y moribundo para Jesucristo. Yo bromeo y le digo a la gente que asistía a la iglesia tanto que me corté los dientes en una banca. Yo era un recién nacido cuando mis padres me dedicaron al Señor en nuestra iglesia. Entonces, si tus hijos se quejan por tener que asistir a la iglesia, sigue exigiéndoles que vayan. En algún momento tus hijos mayores podrían decidir no ir a la iglesia. La Biblia dice en Proverbios 11:21: "La descendencia de los justos será librada." Sigue reclamándolos para el reino de Dios y no te rindas.

Ahora, yo sé lo que algunos estarán pensando: "Pero yo no tuve una familia como la tuya. Yo no viví con mis padres biológicos; nunca estuvieron en mi vida." Quizá fuiste adoptado. Tal vez sentiste que nadie te quería. Así que voy a compartir un pasaje de la Escritura que creo que te animará:

Dios hace habitar en familia a los desamparados; saca a los
cautivos a prosperidad; mas los rebeldes habitan en tierra árida.
— Salmo 68:6

Cuando nuestros padres fallan, Dios a menudo usa a otras personas para ayudarnos. Él nos colocará en otra familia que nos amará. Así que, si has sido adoptado, dale las gracias a Dios por tus padres adoptivos. Después de todo, la Biblia dice que somos adoptados dentro de la familia de Dios. Y si estás luchando con tu identidad o tu sentido de valor, busca el tiempo para recibir la sanidad que necesitas, para que no crezcas con problemas de rechazo y abandono. Agradece a Dios por lo que tienes y no te detengas en lo que no tienes.

Muchos chicos de hoy quieren tener la ropa más fina y la mejor comida. Durante mi niñez, yo no me di cuenta que ya tenía jeans de diseñador, jeans con agujeros (Tengo un pobre sentido del humor). Tampoco me di cuenta de que la mortadela hervida no era un platillo saludable. Yo disfrutaba la mortadela hervida y aún me gusta hasta el día de hoy. Crecimos en una finca y cultivamos la mayoría de lo que necesitábamos. Aunque no teníamos mucho dinero, siempre tuvimos todo lo necesario. Mis padres eran, ambos, personas muy trabajadoras. Papá era agricultor y trabajaba tiempo completo, con jornadas laborales muy largas. No hablaba mucho, pero cuando lo hacía, uno le prestaba atención. Mi mamá enlataba los vegetales en casa y trabajaba en la huerta cada día con mi abuelita. Ellas cargaban la camioneta con vegetales y los llevaban al mercado del agricultor en Holland, Michigan, donde vendían lo que habían cosechado de la huerta. Esas ventas fueron una parte esencial de nuestro ingreso en aquellos días.

Aunque no hay familias perfectas, tenemos la elección de trabajar con el fin de vivir para Dios o no vivir para Dios. No podemos culpar a nadie más que a nosotros mismos por esa elección. Podemos elegir si vamos a vivir como víctimas o ser victoriosos. Sea que te des cuenta o no, si vives en los Estados Unidos tienes la bendición del acceso a una gran oportunidad relacionada con el "sueño americano".

Era muy importante para mis padres poder ayudar a los desamparados o indigentes. A veces tuvimos visitantes que venían y se quedaban con nosotros por un tiempo. Mamá y papá siempre creyeron en las misiones y pensaban que ir al campo misionero era muy importante.

Mi papá amaba a mi mamá con todo su corazón. Recuerdo haberlo visto jugando a perseguir a mi mamá alrededor de la mesa de la cocina; a menudo hacían esto. Tal vez pienses que te estoy dando demasiada información. Con frecuencia, mi tío Keith, un pastor, y su esposa, Beverly, venían a quedarse con nosotros. Recuerdo haber visto a Keith persiguiendo a Beverly alrededor de la mesa de la cocina también. En aquel entonces, no me daba cuenta cuán bendecidos éramos de vivir en una familia donde Papá amaba tan profundamente a Mamá. Papá siempre le fue fiel a Mamá sin importar que pasara, y nos enseñó a ser hombres fieles en todo momento con nuestras esposas. El divorcio o el tener una aventura por fuera no era una opción. El matrimonio era para toda la vida, "hasta que la muerte nos separe."

Como ya les compartí, mi mamá murió en el 2013. En su funeral, mi papá dijo: "yo quiero meterme en el ataúd e irme con ella." Mis hermanos y yo nos miramos y dijimos: "Ay, no, vamos a tener otro funeral muy pronto." Y así fue, mi papá falleció seis meses después, del mismo cáncer del que murió mi mamá. Papá amaba tanto a Mamá que decía: "yo me contagié de Mamá."

Tengo que compartir esta historia de nuevo porque creo que es graciosa. Cuando mi papá estaba en el hospital, el doctor vino y estuvo bromeando con él. Así que mi papá le dijo al doctor: "¡Déjame en paz! Estoy esperando que Jesús venga."

Durante ese tiempo, mi papá compartió que había sido reclutado en el ejército después de aceptar a Jesús en su corazón; entregó su corazón al Señor en el altar de nuestra iglesia antes de partir para el servicio militar. Un día le pregunté acerca de su fe, y me dijo muy claramente: "60 años he servido a Cristo." Él quería que yo supiera dónde iba a ir, al cielo a estar con mi mamá. Yo estoy seguro que hoy, en estos precisos momentos, ellos están en el cielo juntos.

Muchos de mis familiares están ahora en el cielo con Jesús. Espero verlos de nuevo algún día. Después de todo, esa es la esperanza que tenemos en Jesucristo. Quiero dejarlos con este pasaje de la Escritura:

Tampoco queremos, hermanos, que ignoren acerca de los que duermen, para que no se entristezcan como los demás que no tienen esperanza. Porque si creemos que Jesús murió y resucitó, de la misma manera Dios traerá por medio de Jesús, y con él, a los que han dormido. — 1 Tesalonicenses 4:13-14

¿Estoy triste que mi mamá y papá ya no están aquí? Claro que sí. Pero yo los veré de nuevo algún día. Ellos se han unido a la gran nube de testigos descrita en Hebreos, capítulo 11. Yo crecí en una buena familia con dos hermanos y una hermana. Cada vez que había una reunión familiar, mis padres se aseguraban que estuviéramos presentes. Mantener el contacto con nuestra familia era un imperativo para ellos.

Si tu familia no es perfecta, agradece a Dios por lo que tienes. Y recuerda, la iglesia también es significativa, particularmente conforme nos acercamos a los últimos tiempos. Doy gracias por mi mamá y mi papá, y los honro por todo lo que hicieron por mí.

---

*Si eres un nuevo creyente
o has estado en la fe por 50 años,
no importa. Dios quiere usarte.
Somos sus manos y pies.*

*¿Cómo va a ser alcanzado el mundo
para Él si no es a través de nosotros?*

~Pastor Gale Kragt

CONCLUSIÓN

stoy consciente que he compartido muchas cosas en los capítulos previos, que han sido inspiradores y desafiantes a la vez. Yo creo que el tener momentos de Dios en tu vida puede ser muy sencillo. Pueden ocurrir en la cafetería, la fila del cajero en la tienda o cualquier otro lugar al que vayas en tu vida diaria. Una de las razones que quería escribir mis historias era para animarte, que no tienes que ser un super cristiano para tener este tipo de experiencias. Todos los creyentes pueden tener momentos especiales con Dios y con otra gente. Si eres un nuevo creyente o has estado en la fe por 50 años, no importa. Dios quiere usarte. Somos sus manos y pies. ¿Cómo va a ser alcanzado el mundo para Él si no es a través de nosotros?

Había un hombre que tenía un jardín con Dios. Un día pasó un caballero por allí y al ver jardín comentó: "Qué jardín tan fabuloso. Está tan ordenado y limpio." El hombre respondió: "Lo hubieras visto cuando Dios lo tenía solo. Estaba todo cubierto de maleza." Pues, somos todo lo que Dios tiene para alcanzar este mundo.

Recuerda que siempre, en los momentos de Dios, está el elemento humano. Lo he dicho antes y lo diré de nuevo: "Cuando Dios nos está usando de maneras especiales, siempre tenemos que darle la gloria a Dios."

Me he acostumbrado a que, cuando estoy con una persona y Dios hace algo especial, me aseguro de guiarlos hacia Jesús y de darle a Él toda la gloria. Yo le doy toda la gloria a Jesús, mi Señor y Salvador, por todo lo que te he compartido acá. Él es la vid, y yo soy una rama; sin Él no puedo hacer nada bueno.

Debemos desear momentos de Dios en nuestras vidas, que incluyan a otras personas. Después de todo, todos vamos al cielo si conocemos a Jesús. No hay nada que nos podamos llevar al cielo excepto a otras personas. ¿Te imaginas cómo va a ser el cielo? ¿Qué hará que el cielo sea tan grandioso? Se tratará de las personas a las que hemos ayudado a llegar allí. Serán esos momentos de Dios los que cambiarán la vida de las personas por la eternidad.

La Biblia dice en Juan 14 que Jesús va a prepararnos un lugar y que hay muchas moradas en la casa de nuestro Padre. Ahora mismo, nuestras mansiones están siendo construidas en el cielo. Yo le he pedido al Señor que mi mansión tenga una gran terraza exterior con muchas sillas y mesas. La razón es sencilla: Quiero ver y visitar a toda esa gente que conocí a lo largo de mi vida, sea en América o en otros países, en mi mansión en el cielo. Estoy esperando a mucha gente. Ese es un aspecto que hará que el cielo sea tan maravilloso.

Ahora yo oro lo siguiente por ti:

Señor, oro por aquellos que han leído este libro, para que te acerques a ellos. Oro para que comiencen a experimentar muchos momentos de Dios propios y con otras personas dondequiera que vayan. En el nombre de Jesús, amén.

ACERCA DEL AUTOR

El **Pastor Gale Kragt** fue capellán durante dieciocho años en tres hospitales en el sudoeste de Michigan. El pastor Gale también es consultor privado y brinda asistencia a varias iglesias en Hastings, Michigan, con sus necesidades de consultoría. Ha servido como Director Ejecutivo y fundador de los Consultores de Cuidado Espiritual del occidente de Michigan en Hastings desde el año 2007. Además, él asiste al Rhema Word Outreach Center and Ministries (Centro de Alcance y Ministerios Palabra Rhema) en Battle Creek, Michigan. Nacido en Zeeland, Michigan y criado en una finca agrícola, el pastor Kragt tenía un corazón para el ministerio desde su adolescencia. Antes de la universidad, él sirvió a medio tiempo en un ministerio carcelario por tres años a través del programa Forgotten Man Ministries (Ministerios al Hombre Olvidado) en el condado de Allegan. También pasó tiempo en el campo misional, ayudando a los nativos americanos en la Reserva Pine Ridge en Dakota del Sur. Mientras estaba en la universidad, el pastor Kragt ayudó a construir una iglesia en Monterrey, México, con otros voluntarios del equipo misionero. Además, viaja a Costa Rica y Honduras cada año, entrenando a diferentes socios ministeriales en el proceso de sanidad de Consultores de Cuidado Espiritual, y ayudó a establecer un Centro de Sanidad en ambos países.

Ordenado al ministerio en 1993, el pastor Kragt tiene un doctorado y una maestría en Consejería Cristiana y Psicología de la Universidad de Teología de Carolina en Stanley, Carolina del Norte. Además, obtuvo un Bachillerato en Religión en la Universidad de Kingswood en Sussex, New Brunswick, Canadá.

El pastor Kragt sirvió como pastor en dos iglesias en Battle Creek y Delton, Michigan, durante ocho años. El pastor Kragt sirvió parte de su tiempo como capellán y pastor al mismo tiempo.

Para Contractar El Pastor Kragt

Para mayor información sobre el Pastor Gale Kragt y su ministerio:

SPIRITUAL CARE CONSULTANTS
1375 W. Green Street, Hastings, MI 49058
269-929-2901

Emails:
gale@SpiritualCareConsultants.com
gale@GaleKragtBooks.com

Websites:
SpiritualCareConsultants.com
SCCHealingBegins.com
GaleKragtBooks.com

PODCAST
Healing Begins
(Lo puedes encontrar donde escuches tus podcasts)

Made in the USA
Columbia, SC
06 January 2025

49422584R00104